Michael Proffe

Die besten Trendfolge-Strategien

TITEL DER SIMPLIFIED-BUCHREIHE

Lawrence A. Cunningham
Value Investing – simplified

Pierre M. Daeubner
Alles was Sie über Technische Analyse wissen müssen – simplified

Ed Downs
Die besten Chartmuster – simplified

Markus Jordan
Zertifikate – simplified

John J. Murphy
Charttechnik leicht gemacht – simplified

Georg Pröbstl
Die besten Dividendenstrategien – simplified

Michael Proffe
Die besten Trendfolgestrategien – simplified

Udo Rettberg
Rohstoffe – simplified

Stefan Riße
CFDs – simplified

Daniel Wilhelmi
Emerging Markets – simplified

Michael Proffe

DIE BESTEN TRENDFOLGE-STRATEGIEN

Machen Sie den Trend zu Ihrem Freund und schwimmen Sie mit dem Strom

FinanzBuch Verlag

simplified

Gesamtbearbeitung: Stephanie Villiger
Lektorat: Beate Wollrab-Vogt
Druck: Druckerei Joh. Walch, Augsburg

Unveränderter Nachdruck 2006

Frundsbergstraße 23
80634 München
Tel. 089 651285-0
Fax 089 652096
info@finanzbuchverlag.de

Den Autor erreichen Sie unter:
mproffe@finanzbuchverlag.de

Bibliografische Information der Deutschen Bibliothek: Die Deutsche Bibliothek verzeichnet diese Publikation in der Deutschen Nationalbibliografie; detaillierte bibliografische Daten sind im Internet über **http://dnb.ddb.de** abrufbar.

ISBN 10: 3-89879-164-5
ISBN 13: 978-3-89879-164-9

simplified

Inhalt

1. Trendfolge-Aktien 11

Trendfolger der Vergangenheit 11
Trendfolger in Krisenzeiten 13
Aktuelle Trendfolger 17
Trendfolge-Aktien gehen ihren eigenen Weg 21
Börsenindizes sind kein Garant für den Börsenerfolg 25
Mit Trendfolge-Aktien jede Krise meistern 29
Abwärtstrends gegen den Markt 31
Was haben die Aktien Daimler Chrysler,
Deutsche Bank und Lufthansa gemeinsam? 33
Was haben die Aktien E.ON, RWE und MAN gemeinsam? 35

2. Identifikation von Trendfolgern durch Indikatoren 37

Grundlegende Funktionsweise und
Interpretation von Indikatoren 38
Der gleitende Durchschnitt (GD) 38
Moving Average Convergence/Divergence (MACD) 40
Der Momentum Oszillator 43
Der Relative-Strength-Index (RSI) 46
Der Williams-Percent-Range-W%R-Index 47

3. Interpretation und Bewertung der 4 Indiktoren für mein Trendfolge-Progonosemodell 53

Interpretation und Bewertung des MACD 53
Interpretation und Bewertung des Momentum-Indikators 55
Interpretation und Bewertung des RSI-Indikators 59
Interpretation und Bewertung des W%R-Indikators 61
Ein einzelner Indikator erzeugt zu viele Fehlsignale 63
Prognosemodell 66
Parametereinstellung beim Trendfolgesystem 67
Auswertung der Trendsignale 67
Schlussfolgerung: 70

4. Indikatorenanalyse in der wöchentlichen Praxis 71
Vorgehensweise 71
Beispiel Solar World 73
Beispiel Apple-Aktie 79

5. Aussichtsreiche Perspektiven mit Trendfolge-Aktien 87
Kontinuierlicher Erfolg mit Trendfolge-Depot 88
Kontinuierlicher Kauf im Trend 93
Folgerichtiges Handeln 95
Trends mit Instrumenten begleiten 95
Entwicklung der 30 Dax-Werte seit Januar 2000. 98
Trendfolge-Aktien aus dem Nasdaq 100 mit ihrer Entwicklung seit Januar 2000 99
Trendfolge-Aktien aus dem asiatischen Raum mit ihrer Entwicklung seit Januar 2000. 100
Stellen Sie sich vor: 101

Leserbrief 102

simplified

DIE SIMPLIFIED-BUCHREIHE
WWW.SIMPLIFIED.DE

EINE ZUSAMMENARBEIT VON FINANZBUCH VERLAG UND INVESTOR VERLAG

simplified

Liebe Leser!

Es existieren eine Vielzahl von Strategien, Konzepten und Handelssystemen, die es den Investoren und Anlegern ermöglichen an den Kapitalmärkten ihr Geld anzulegen, in der Hoffnung dieses zu vermehren. Ständig kommen neue und überarbeitete, bzw. angepasste Konzepte und Strategien auf den Markt.

Der Anleger hat die Qual der Wahl, welches Konzept, welche Strategie passt zu ihm. Viele Strategien, Konzepte und Handelssysteme versprechen nicht nur den Erfolg, sie sind auch erfolgreich. Andere Konzepte verschwinden ebenso schnell, wie sie erschienen sind, weil sie oftmals nur eine Börsenmode kopieren, die sich dann aber nicht nachhaltig durchsetzen kann. Sehr oft scheitert der Durchschnittsanleger an der Erfüllung der entscheidenden Kriterien, die zum erwünschten Erfolg führen.

Zu nennen wären da unter anderem:
- die Definition eines Anlagehorizonts
- die Diversifikation des Depots
- die Größe des Investitionskapitals
- die Informationsbeschaffung zur Meinungsbildung
- die notwendige Disziplin

Die breite Masse der Anleger ist schlicht weg überfordert, dabei gibt es durchaus die Möglichkeit, ein entspanntes Verhältnis zur Börse zu entwickeln. Machen Sie die Börse zu Ihrem Partner und betrachten Sie sie nicht als Gegner, den es zu bezwingen gilt.

Investieren Sie lebensnah, investieren Sie in Trendfolgern!

Trends begleiten uns seit eh und je. Trends finden wir in sämtlichen Lebenslagen: der Politik, Religion, Erziehung, Wissenschaft, Konsum, Bildung, Wirtschaft usw., Trends kommen und gehen. Sie sind allgegenwärtig. Sicherlich sind Ihnen viele Trends aus dem Sport oder der Mode bekannt.

Sie beeinflussen unser Leben, indem sie unser Umfeld verändern und damit unser Handeln und Denken. Der Einfluss von Trends auf die Wirtschaft oder eine individuelle Person sind unterschiedlicher Natur.

Eine einzelne Person, die z.B. einem aktuellen Modetrend nicht folgen möchte, wird von den Folgen ihres Handelns längst nicht so betroffen sein, wie ein Unternehmen aus der Modebranche. Ein Unternehmen, welches die Zeichen der Zeit nicht rechtzeitig erkennt, wird sehr schnell mit erheblichen Problemen zu kämpfen haben. In der Wirtschaft kommt es immer wieder zu neuen Innovationen, Ideen und Strategien, welche sich natürlich auch an den Kapitalmärkten widerspiegeln.

Einige Beispiele zur Verdeutlichung:

Der Trend zum Billigfliegen: Ryanair hat den etablierten Fluggesellschaften als Pionier des Billigfliegens gezeigt, was möglich ist. Erst belächelt, heute beneidet.

Der Trend zum TFT- Bildschirm: Einige TV-Hersteller, z.B. Philips, haben diesen Trend total verschlafen, für sie ist der Zug abgefahren.

Der Trend zum Livestyle. Puma mutiert vom reinen Sportartikelhersteller zur Kultmarke. Puma macht es vor – mit einem neuen Konzept einen neuen Trend setzen.

Fortwährend bilden sich an den Kapitalmärkten neue Trends aus. Alte Trends verschwinden, neue Trends entstehen. Für viele Investoren ist es wichtig zu wissen, welchem Trend der Kapitalmarkt folgt. Zielt er in Aktien oder Anleihen, in Gold oder Immobilien oder gibt es einen Länder- oder Branchenspezifischen Trend?

Am interessantesten sind für mich die **individuellen Trends**, die aus den unterschiedlichsten Bereichen kommen und durchaus mehrere Jahre laufen können.

Nach diesem Trend zu investieren bedeutet eine lebensnahe, überschaubare, kontrollierbare und entspannte Lebensweise mit der Börse zu praktizieren.

Erkenne den Trend und investiere in den Trend.

Auf den nächsten Seiten erfahren Sie mehr über Trendfolge-Aktien.

Medtronic-Aktie über 13 Jahre im Aufwärtstrend

Die Aktie von Medtronic ist ein wunderbares Beispiel dafür, wie aus einer Einlage von 1000 € von 1987 bis 2000 über 60.000 € wurden. Heute steht die Aktie bei 40 €. 15 Jahre lang ein klarer Aufwärtstrend, in den man zu jeder Zeit einsteigen konnte um somit an der Erfolgsstory teilzuhaben. Die Aktie stürzte in der Börsenkrise auch nicht zu stark ab, sie korrigierte leicht, vom Höchstkurs 62,5 € auf heute 40,00 €. Schauen Sie sich den Verlauf der Aktie gut an, so etwas wird es auch in der Zukunft geben. *(Abbildung 1.1)*

Nokia, eine europäische Erfolgsstory

Die Aktie von Nokia dürfte vielen bekannt sein. In den Jahren von 1992 bis 2000 war die Aktie »die Story« in Europa. In diesem Zeitraum legte die Aktie um 60000% zu. Kaum jemand aus dem Bereich der Privatanleger war in dieser Aktie investiert. In den Jahren 1996 bis 97 wurden viele Anleger auf die Aktie aufmerksam, nachdem in den Medien über sagenhafte Kurssteigerungen von über 3000% bis dato berichtet wurde.

Kaum ein privater Anleger traute sich nun noch einzusteigen, da die Aktie ja ihrer Meinung nach schon super gelaufen war. Ein großer Irrtum, wie sich zeigte. Der Trend der Aktie war vollkommen intakt und so stieg die Aktie in den nächsten Jahren noch weit über 1000%. Mit der Börsenkrise fiel die Aktie von 60 € bis heute auf 14 € sukzessive zurück. Die Nokia-Aktie hat Anfang 2001 ihren lang anhaltenden Aufwärtstrend gebrochen. Bis zu diesem Zeitpunkt hatte ein Anleger neun Jahre die Möglichkeit, sich an einem stabilen Trend zu beteiligen. *(Abbildung 1.2)*

Trendfolger in Krisenzeiten

Nicht alle Anleger haben in den Jahren 2000 bis 2003 nur Kapital an den Börsen verloren. Es ist wohl unbestritten, dass die Mehrzahl der Börsen und somit Aktien in dieser Zeit erhebliche Verluste, teilweise bis zum Totalverlust erlitten haben.

Zu dieser Zeit gab es aber auch Aktien, und das nicht wenige, die gegen den vorherrschenden Trend stetig stiegen. Trotz schwerer Börsenkrise

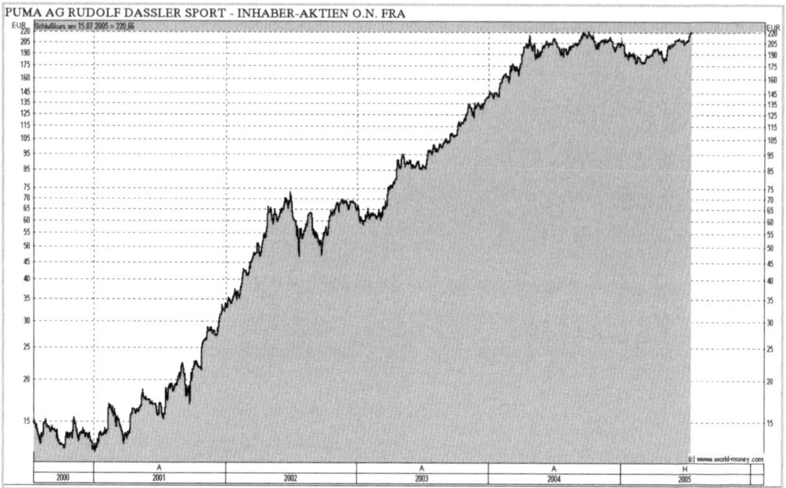

Abbildung 1.3: Puma-Aktie

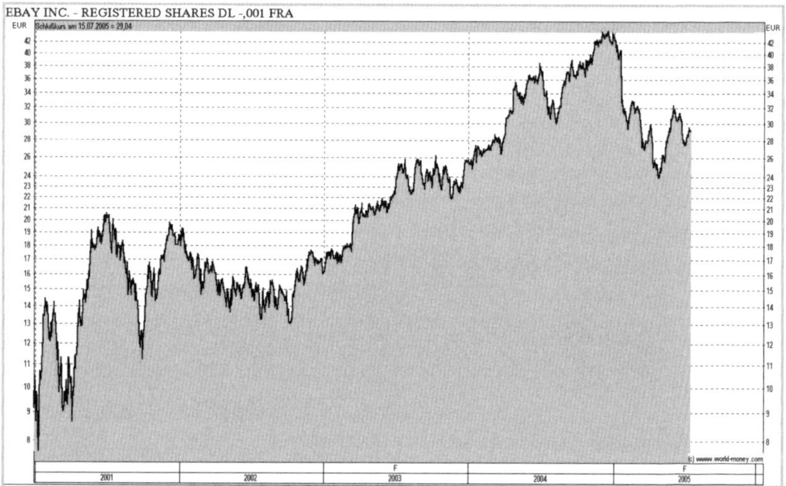

Abbildung 1.4: eBay Aktie

konnte man mit ihnen sein Kapital gut vermehren. Nur wer war bereit, sich am Markt nach solchen Chancen umzuschauen? Die Psychologie spielte doch der Mehrheit einen Streich. Bei der nächsten Börsenkrise, die mit Sicherheit kommen wird, denken Sie bitte einmal daran, dass immer nur eine Umverteilung stattfindet. Suchen Sie die Chancen in der Krise.

Puma erfolgreich in der Börsenkrise

Unbeirrt dynamisch und unwiderstehlich stieg **die Puma-Aktie** während der größten Börsenkrise, bis dato um fast 2000%. Nur ganz wenige Anleger haben an dieser Aufwärtsbewegung teilgehabt. Die meisten Anleger sind bis heute noch nicht mit der Börse wieder ins Reine gekommen. Sie lecken noch immer ihre Wunden und haben noch kein neues Vertrauen zu Aktien gefunden. Sie haben eine Menge verpasst. Chancen gab und gibt es genügende. Mit einer guten Strategie kann einem eine Krise nicht viel anhaben. *(Abbildung 1.3)*

eBay eine Story, die zum Erfolg führt

eBay entwickelte sich ebenfalls von 2001 bis dato äußerst erfreulich. eBay ist ein gutes Beispiel dafür, dass man auch an den Börsen nicht alles über einen Kamm scheren darf. Das Platzen der Technologie-Blase wird stets als Ursache für die Börsenkrise genannt. eBay, ein Technologiewert, konnte sich diesem Szenario vollkommen entziehen und legte um 500% zu. Der langfristige Trend der Aktie ist noch bis heute intakt. *(Abbildung 1.4)*

Urban eine Aktie mit starkem Aufwärtstrend

Dass die Puma-Aktie mit ihrer exzelenten Performance kein Einzelfall war, zeigt auch die **Urban-Aktie.**
Ihr gelang es ebenfalls, in der Zeit der exorbitanten Börsenverluste, weit über 2500% zuzulegen. Der Trend der Urban-Aktie ist seit 2000 ungebrochen. Sie steigt kontinuierlich weiter.

Aber auch hier gilt, wie für viele weitere Trendfolge-Aktien, die wenigsten Anleger haben die Entwicklungen wahrgenommen und waren oder sind in Trendfolgern investiert. Möglichkeiten, in den Jahren 2001 bis heute gutes Geld an den Börsen zu verdienen, gab es genügend.

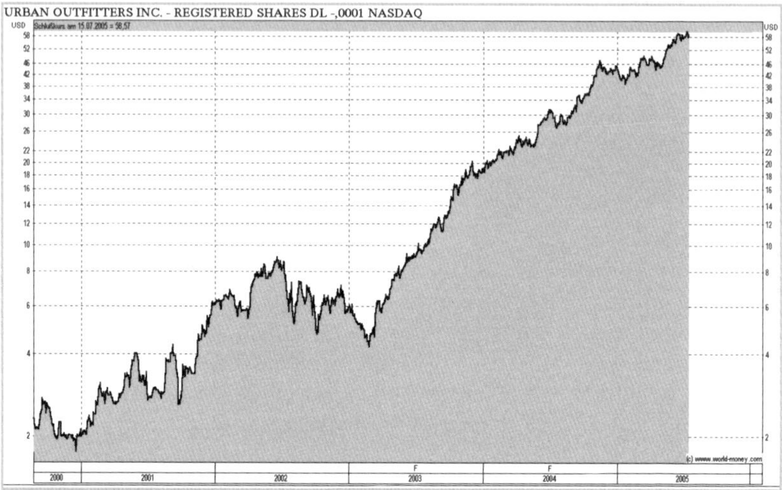

Abbildung 1.5: Urban-Aktie

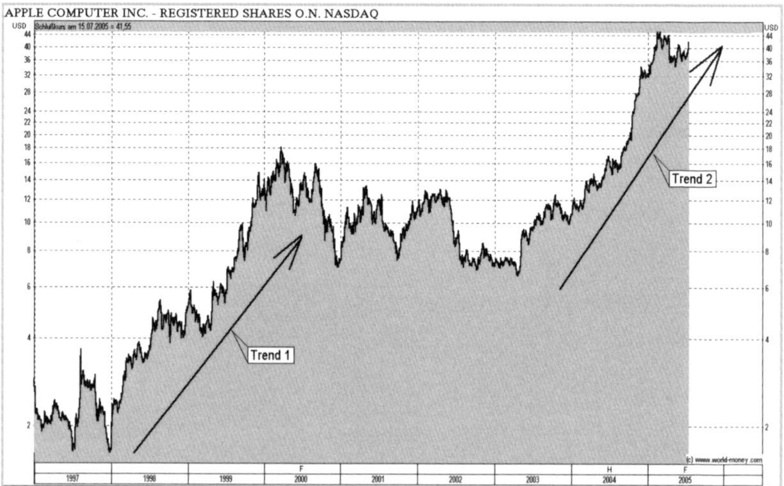

Abbildung 1.6: Apple-Aktie

Wer konnte ahnen, dass sich die Aktien so entwickeln, das ist ein oft gehörtes Argument. Nun, Chancen gab es genügende, man musste ja nicht von Anfang an dabei sein. Die Trends laufen über mehrere Jahre, man hatte also mehr als eine Möglichkeit am Trendverlauf teilzuhaben. *(Abbildung 1.5)*

Aktuelle Trendfolger

Die aktuellen Trendfolger unterscheiden sich von den vergangenen Trendfolgern nur im Namen, ansonsten sind gleiche Gemeinsamkeiten vorhanden. Einige Aktien aus der Vergangenheit gelingt es aber immer wieder neue Trends auszubilden. Dazu gehören zum Beispiel die Aktien von **Apple und Continental**. Sie haben es geschafft, durch Veränderungen und Innovationen neue Trends zu setzen. Wie lang diese Trends anhalten werden, wird uns nur die Zukunft zeigen können.

Apple-Aktie, durch Innovation zu neuen Trends

Schauen wir uns die Entwicklung der Apple-Aktie einmal etwas genauer an. Der Chart der Aktie zeigt, dass es durchaus möglich ist, eine langfristige Vermögensbildung durch Aktien zu erreichen. Seit 1997 bis heute stieg die Aktie um 4400%. Von 1998 bis Mitte 2000 (Trend 1) stieg die Apple-Aktie von 1$ rasant auf 18$ in der Spitze. Dieser starke Aufwärtstrend dauerte zweieinhalb Jahre an.

Während der Börsenkrise korrigierte die Aktie von Mitte 2000 bis Anfang 2003 und rutschte bis auf 7$ ab. Anfang 2003 (Trend 2) folgte dann ein zweiter kräftiger Aufwärtstrend, der den Kurs der Apple-Aktie von 7$ auf mittlerweile 40$ ansteigen lässt. Die Aussichten, dass dieser Aufwärtstrend noch recht lange anhalten wird, sind recht vielversprechend.

Die Erfolgsstory bei Apple ist intakt und verspricht somit auch weiterhin eine aufwärtsgerichtete Entwicklung. Der übergeordnete Aufwärtstrend der Aktie ist seit über acht Jahren nicht gefährdet. Bei solchen Aktien dabei zu sein, hat sich bis heute gelohnt und wird sich auch in Zukunft lohnen. *(Abbildung 1.6)*

Abbildung 1.7: Continental-Aktie

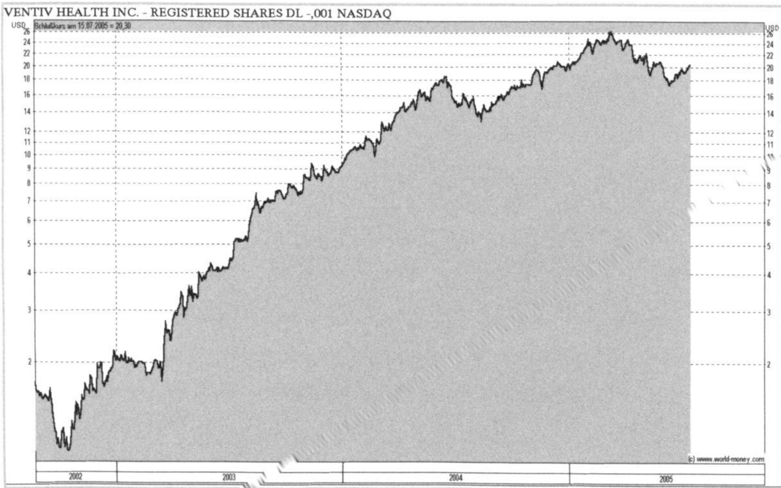

Abbildung 1.8: Ventiv-Aktie

Dass die besondere Entwicklung der Apple-Aktie kein Einzelfall ist, möchte ich Ihnen mit einer weiteren Aktie demonstrieren. Die Aktie von **Continental** verhielt sich so ähnlich wie die Apple-Aktie. *(Abbildung 1.7)*

Continental, mit zwei klaren Aufwärtstrends in den letzten 10 Jahren

Von 1996 bis Mitte 1998 (Trend 1) stieg die Aktie von **Continental** in einem zweieinhalbjährigen Aufwärtstrend um über 600%. Dann war bis Anfang 2003 die Luft raus. Die Aktie fiel kontinuierlich bis auf 12€ zurück. Viereinhalb Jahre war mit der Aktie kein Blumentopf zu gewinnen.

Schauen Sie sich den Chart der Continental-Aktie genau an. An den starken Börsenjahren 1998 bis 2000 hat die Aktie nicht teilgehabt. Ebenso wenig hat sie an der überdurchschnittlichen Übertreibung ab 2000 teilgehabt. Ihre Korrektur begann bereits im Jahr 1998 und endete Anfang 2003.

Seitdem steigt die Aktie (Trend 2) kontinuierlich von Hoch zu Hoch. In den letzten zwei Jahren legte die Aktie über 400% zu. Der Aufwärtstrend der Aktie ist intakt und verspricht weiteres Potential. Es macht durchaus Sinn, Aktien auch über längere Zeiträume zu beobachten, um bei Ausbildung eines neuen Trends dabei zu sein. *(Abbildung 1.7)*

Vieles wiederholt sich an den Börsen. Die **Ventiv-Aktie** ist ein gutes Beispiel dafür, dass Kursgewinne weit über 1000% natürlich nicht der Vergangenheit angehören. Selbstverständlich wird es sie immer geben. *(Abbildung 1.8)*

Ventiv Health, eine aussichtsreiche US-Trendfolge-Aktie

Aktien wie die **Ventiv-Aktie**, die über viele Jahre einem intakten Aufwärtstrend folgen, wird es auch in der Zukunft und natürlich der Gegenwart immer geben. *(Abbildung 1.8)*

Die Ventiv-Aktie hat bereits über 5000% in den letzten zweieinhalb Jahren zugelegt. Ein Ende dieses Aufwärtstrends ist noch nicht in Sicht. Wieviele Möglichkeiten es gab, sich an diesem Trend zu beteiligen, verdeutlicht das Chartbild. Chancen bestehen, solange der Trend intakt ist.

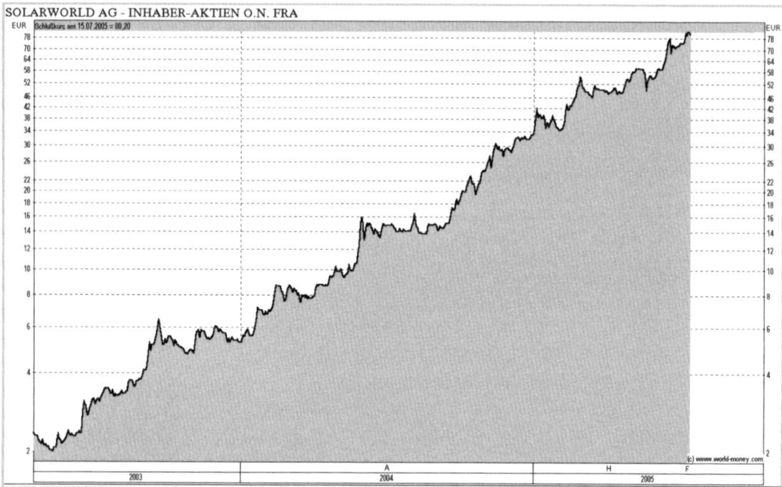

Abbildung 1.9: SolarWorld-Aktie Seite 21

Abbildung 1.10: DAX und Adidas-Aktie von 2000 bis Juni 2005 im Vergleich

SolarWorld, immer einen Schritt voraus

Energiepolitisch hat der bereits seit über zwei Jahren anhaltende Aufwärtstrend der SolarWorld-Aktie durchaus seine Berechtigung und dürfte auch in Zukunft weiter Bestand haben.

Die Energiewirtschaft ist in Bewegung geraten. Zukunftsweisende Trends bilden sich heraus. Die Einsicht, dass erneuerbaren Energien die Zukunft gehört, setzt sich politisch und wirtschaftlich immer mehr durch. Dieses Rad lässt sich nicht mehr zurückdrehen.

Von diesem Trend profitiert schon seit einiger Zeit die SolarWorld-Aktie. Sie steigt kontinuierlich, ohne größere Kursschwankungen, von Hoch zu Hoch. Satte 2600% Kurssteigerung in den letzten zwei Jahren. Die Aussichten, dass dieser Trend noch viele Jahre Bestand haben wird, sind günstig.

Diese zehn gezeigten Trendfolge-Aktien stehen stellvertretend für viele weitere Trendfolge-Aktien aus der Vergangenheit sowie der Gegenwart. Sie verdeutlichen, dass es in den letzten 18 Jahren zu jeder Zeit die Möglichkeit gab, sich an Trendfolge-Aktien zu beteiligen. Das wird auch in den nächsten 18 Jahren und darüber hinaus so sein.

Trendfolge-Aktien gehen ihren eigenen Weg. Sie entwickeln sich vollkommen losgelöst von den allgemeinen Marktbewegungen. Im nächsten Kapitel werde ich das ein wenig verdeutlichen. *(Abbildung 1.9)*

Trendfolge-Aktien gehen ihren eigenen Weg

Mit einigen Beispielen möchte ich Ihnen diesen eigenen Weg der Trendfolge-Aktien verdeutlichen. An dem jeweiligen Index, in dem die Trendfolge-Aktien gelistet sind, lässt sich ihr außergewöhnlicher Trendverlauf am besten dokumentieren.

Verlauf des DAX und der Adidas-Aktie, von 2000 bis Juni 2005

In diesem Chartbild sehen Sie eine Überlagerung des DAX-Verlaufs mit der Adidas-Aktie von Anfang 2000 bis Juni 2005. Anfang 2000 begann der Absturz des DAX, der erst Anfang 2003 mit 65% Verlust ein Ende fand.

Das war für viele Anleger eine schwere Zeit. Sie verloren eine Menge Geld und das Schlimmste, sie verloren das Vertrauen in die Finanzmärkte. Bis heute haben sich die meisten Anleger von ihren schweren Verlusten noch nicht wieder erholt und trauen sich noch nicht wieder an die Börse.

Viele haben somit auch die Erholung des DAX, von Anfang 2003 bis Juni 2005 mit immerhin 100%, nicht miterlebt. Der Frust saß einfach zu tief. Die deutsche Aktienkultur, wenn man überhaupt von solch einer sprechen darf, ist weiterhin rückläufig. Das muss aber nicht so sein. Mit etwas mehr Verständnis für die Finanzmärkte, für die unterschiedlichsten Akteure mit ihren vielfältigen Interessen, sowie den Chancen, die sich jeden Tag neu bieten, ist es möglich unbeschadet aus Krisen hervorzugehen.

Mit dem Wissen, dass Kapitalmärkte grundsätzlich nicht komplett zusammenbrechen können und damit nicht alle Aktien den gleichen Weg einschlagen werden, kommt man einem profitablen Invest an der Börse schon etwas näher.

Die Adidas-Aktie zeigt stellvertretend für weitere Aktien beeindruckend, dass sich trotz der großen Börsenkrise der Wert der Aktie in der Zeit von Anfang 2000 bis Juni 2005 mehr als verdoppelt hat. Der DAX liegt im gleichen Zeitraum immer noch mit 35% im Minus.

In den Jahren 2000 bis 2003 ist die Adidas-Aktie kontinuierlich gestiegen, gegen den übermächtigen Trend der weltweiten Börsen. Die Aktie hat eine Story, die diesen Verlauf rechtfertigt. Die Kapitalmärkte erkennen dieses Potential und investieren in solche Aktien. Sie wollen ja selbstverständlich Geld verdienen. Auch der tragische 11. September 2001 konnte den Aufwärtstrend der Adidas-Aktie nicht nachhaltig beeinflussen. In sehr kurzer Zeit erholte sich der Titel und setzte seinen Trend fort.

Die Adidas-Aktie folgt ihrem Aufwärtstrend nun bereits im sechsten Jahr und ein Ende ist noch lange nicht in Sicht. In den letzten sechs Jahren ist eine Menge an den Börsen geschehen und all diese Ereignisse, die jeden Tag kommuniziert werden, haben keinerlei Einfluss auf die Entwicklung des Wertes ausüben können.

Krise ist nicht gleich Krise, denn hinter jeder Krise verbergen sich auch Chancen, man muss den Blick dafür nur schärfen und dann die Chance wahrnehmen. *(Abbildung 1.10, Seite 20)*

Verlauf des Nasdaq-Index und der Henry-Schein-Aktien von 2000 bis Juni 2005

Das Chartbild zeigt den Verlauf des Nasdaq-Index, überlagert mit dem Verlauf der Henry-Schein-Aktie von 2000 bis Juni 2005. Der Nasdaq-Index (unterer Chartverlauf) verlor in der Zeit von 2000 bis Ende 2002 in der Spitze 70% an Wert. Sehr viele Aktien aus dem Index verloren weit mehr, teilweise über 95%. Eine Vielzahl von Unternehmen gingen in den Konkurs oder haben sich bis heute noch nicht wieder erholt.

Seit Anfang 2003 erholt sich der Nasdaq-Index und verdoppelte sich bis Juni 2005. Noch liegt der Nasdaq-Index mit einem Minus von 45% weit von seinem Hoch im Jahre 2000 entfernt. Der Index wird noch viele Jahre brauchen, um sich von diesem Einbruch zu erholen.

Nicht alle Aktien aus dem Nasdaq-Index sind diesem rasanten Abwärtstrend gefolgt. Die Aktie von Henry Schein (oberer Chartverlauf) ist ein sehr gutes Beispiel dafür, dass es immer Aktien geben wird, die ihren eigenen Verlauf, ungeachtet der allgemeinen, übergeordneten Trends haben werden. Diese Aktie ist keine Ausnahme, sie ist eine von vielen, mit denen es sich lohnte in den Jahren 2000 bis heute investiert zu sein.

Gegen den allgemeinen Börsentrend in den Jahren 2000 bis 2003 verdreifachte sich der Kurs der Henry-Schein-Aktie. Ende 2003 verschnaufte die Aktie ein paar Wochen, ohne ihren Aufwärtstrend in Gefahr zu bringen und setzte dann ihren primären Trendverlauf weiter fort. Mittlerweile hat sich die Aktie bereits vervierfacht und befindet sich noch immer in einem intakten Aufwärtstrend. *(Abbildung 1.11, Seite 24)*

Abbildung 1.11: Verlauf des Nasdaq-Index und der Henry-Schein-Aktien von 2000 bis Juni 2005

Abbildung 1.12: Indizes, der kleinste gemeinsame Nenner

Börsenindizes sind kein Garant für den Börsenerfolg

Ein Anleger, der seine Kaufentscheidung bei Aktien vom allgemeinen Trend der Börsen abhängig macht, braucht einen sehr langen Atem und wird auf Dauer frustriert Abschied von den Börsen nehmen.

Indizes, der kleinste gemeinsame Nenner

Dieses Chartbild, mit seinen vier Überlagerungen der Indizes von DAX, Nasdaq, S&P500 sowie Dow Jones, zeigt deutlich die Parallelität der einzelnen Verläufe. *(Abbildung 1.12)*

Deutlich lässt sich weiterhin gut erkennen, dass die Reaktionen der einzelnen Indizes zwar in dieselbe Richtung gehen, aber in unterschiedlicher Stärke. So sind die Verluste des Dow Jones gegenüber dem DAX wesentlich geringer ausgefallen. Der Dow Jones liegt gegenüber seinem Hoch von 2000 nur noch mit 7% im Minus, wogegen der DAX noch, mit einem Minus von 35%, weit abgeschlagen ist.

Wesentlich mehr Beachtung sollten Sie dem S&P500 widmen. Die Schwankungsbreite dieses Index ist, aufgrund seiner Tiefe, wesentlich geringer und somit aussagefähiger. Dieser Index spiegelt die wirtschaftlichen Verhältnisse der USA weitaus besser wider als der Dow-Jones-Index oder der Nasdaq-Index.

Das Chartbild dieser Indizes zeigt uns auch deutlich, dass die Trendwende Ende 2002 in den USA eingeleitet wurde. Nachdem die amerikanischen Indizes ihren dreijährigen Abwärtstrend bereits verlassen hatten, tauchte die deutsche Börse noch einmal richtig tief ab. Erst sechs Monate später begriffen auch die deutschen Märkte, dass die Übertreibung ein Ende gefunden hatte.

Seit nun mehr drei Jahren erholen sich die weltweiten Börsen im Gleichklang. Sehr langfristig gesehen, haben die Börsen sich wieder auf ihrem natürlichen, alten Wachstumspfad (Trend Alpha) eingependelt.

Die Übertreibungen aus den Jahren 1998 bis 2000, sowie die zu starke Korrektur im Jahre 2002, sind von den Märkten korrigiert worden.

Abbildung 1.13: Alpha Trend des Nasdaq Composite seit 1993

Alpha-Trend des Nasdaq Composite seit 1993

Die Bewegungspfeile im Chartbild dienen nur zur visuellen Unterstützung der Trends. Der Verlauf der vier Indizes in den letzten 13 Jahren macht sichtbar, dass Börsen kontinuierlich über einen längeren Zeitraum wachsen. Im Schnitt haben die vier Indizes in den letzten 13 Jahren pro Jahr zwischen 8% und 9% zugelegt. Mehr ist für den Gesamtmarkt nicht gesund. Das ist der kleinste gemeinsame Nenner, auf den sich die Kapitalmärkte Jahr für Jahr einlassen. Alles was darüber oder darunter liegt, korrigiert der Markt im Laufe der Zeit. *(Abbildung 1.13)*

Der langanhaltende Trend 1 beschleunigte sich bereits 1997 und entfernte sich immer rasanter vom Alpha-Trend. Anfang 2000 war die Übertreibung derart weit fortgeschritten, dass es unweigerlich zu einem Zusammenbruch kommen musste.

Drei Jahre brauchten dann die Märkte (Trend 2), um diese Übertreibung wieder abzubauen. Anfang 2003 fand die Bereinigung ein Ende und die Börsen begannen sich langsam parallel zum Alpha-Trend zu erholen. Wir befinden uns zurzeit in einem gesunden, etablierten Trendverlauf (siehe Trend 3), der uns womöglich noch sehr lange erhalten bleiben wird, bis sich eines Tages die Indizes wieder zu weit vom Alpha-Trend entfernen werden. Was dann geschehen wird, sollte jedem klar sein.

Börsenindizes dienen uns als Spiegelbild all der Informationen, die weltweit die Märkte bewegen. Durch sie versuchen wir Entscheidungen zu treffen, ob und wann eine Investition an den Börsen lohnenswert erscheint. Wer sich auf die Entwicklung der Börsenindizes verlässt, verpasst die erfolgreichsten und vielversprechensten Investitionen, die die Aktienmärkte bieten.

Im Gleichklang der Märkte zu investieren, bedeutet sehr oft dem Markt den Rücken zuzukehren. Das ist äußerst uneffektiv, denn es kann mitunter bedeuten, dass man für viele Jahre kein Invest an den Aktienmärkten tätigen kann.

Grundsätzlich kann man immer und zu jeder Zeit an den Börsen mit Aktien investiert sein. Jeden Tag bietet sich eine Chance in Trendfolge-Aktien zu investieren. In allen Ländern sowie Branchen und Börsenplätzen finden sich Trendfolge-Aktien.

Abbildung 1.14: Vier typische Trendfolger am US-Markt

Es gab sie zu jeder Zeit, in der Vergangenheit sowie in der Gegenwart und natürlich selbstverständlich auch in der Zukunft. Diese Trendfolge-Aktien unterscheiden sich nur in ihren Namen, ansonsten werden diese Aktien über viele Jahre ihrem Trend folgen.

Mit 100% Sicherheit werden wir auch in Zukunft immer wieder Börsenkrisen erleben. Sie werden kommen, nur wann, das weiß niemand im Voraus. Auch bei den kommenden Börsenkrisen wird es wieder eine Vielzahl von Aktien geben, die trotz Krise in aller Ruhe weiter ihren Aufwärtstrends folgen.
Keine Angst vor Krisen

Mit Trendfolge-Aktien jede Krise meistern

Wer nur auf die Märkte schaut und ihren Bewegungen vertraut, verpasst die besten Chancen zu einem erstklassigen Invest. Nicht der breite Markt führt zum Erfolg, sondern das individuelle Stockpicking. Individualität ist der Schlüssel zum Erfolg und nicht der kleinste gemeinsame Nenner einer Masse.

Wie sich die Märkte seit 2000 entwickelt haben, konnten Sie an den Charts der Indizes erkennen. Alle Indizes befinden sich, gegenüber ihren Hochs aus 2000, noch im Minus. So sieht es auch noch in den Depots der meisten Anleger aus.

Bei einigen wenigen sehen die Depots völlig anders aus. Diese Depots sind mit Trendfolge-Aktien bestückt. Vier typische Trendfolger vom US-Markt sehen wir im vorherigen Chartverlauf. Die Aktien von Urban, Shuffle Master, Hudson City Bancorp. und Henry Schein verlaufen seit über sechs Jahren in einem stabilen Trendverlauf. Zu jeder Zeit bestand die Möglichkeit in diese Aktien zu investieren. *(Abbildung 1.14)*

Diese vier Aktien haben sich vollkommen losgelöst vom allgemeinen Marktgeschehen entwickelt und ihren Anlegern einen sehr erfreulichen Zuwachs beschert. Es sind Trendfolge-Aktien aus den unterschiedlichsten Branchen und sie sind keine Ausnahme. An den US-Börsen finden sich hunderte von Trendfolge-Aktien, die einen ähnlichen Verlauf wie diese vier Aktien aufweisen.

Abbildung 1.15: Aixtron-Aktie

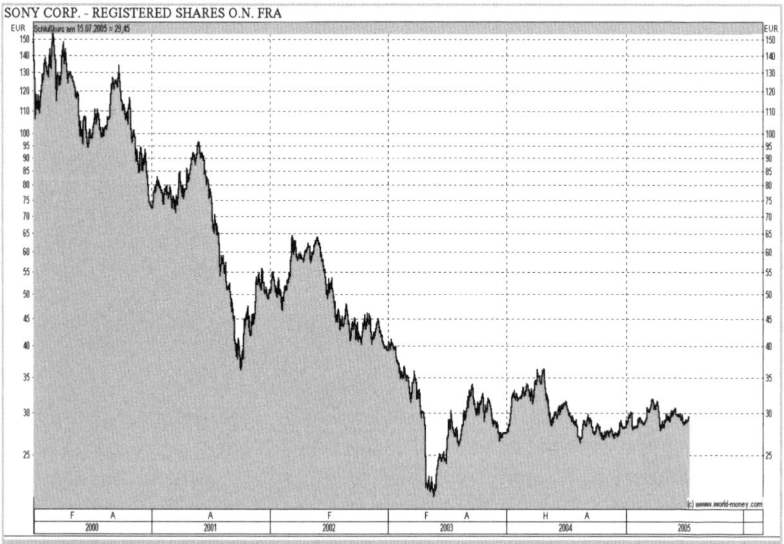

Abbildung 1.16: Sony-Aktie

Abwärtstrends gegen den Markt

Jeder Anleger möchte doch gerne in solchen Aktien investiert sein, die einem Aufwärtstrend folgen und nicht auf Kapitalvernichtern sitzen bleiben. Viele Aktien sind in den Jahren 2000 bis 2003 heftigst eingebrochen und nur wenige Anleger sind aus diesen Aktien ausgestiegen. Sie glaubten an eine baldige Erholung. Auch nachdem die Aktien bereits einen klaren Abwärtstrend eingeschlagen hatten, konnten sie sich nicht von den Aktien trennen. Die Anleger hielten bis zum bitteren Ende durch. Erst als sich die Börsen zu erholen begannen und ihre Aktien nicht an dieser Erholung teilnahmen, stiegen viele Anleger aus.

Auch diese Aktien haben eine eigene Story. Substantiell sind solche Aktien zu schwach um an Börsenerholungen teilzunehmen. Sie haben keine Chance ihren Abwärtstrend zu verlassen. Mit meinem Trendfolgemodell sind derartig verheerende Kapitalvernichtungen nicht möglich.

Bei der Aktie von Aixtron-AG ist seit 2000 keine Erholung in Sicht

Von 82,50 € auf 2,50 € und keine Aussicht auf Besserung, so sieht es bei der **Aixtron-Aktie** aus. Der Abwärtstrend ist vollkommen intakt.

Die Aktie verlor 97% an Wert, weit über dem Level der Märkte. Bei dieser Kapitalvernichtung musste man nicht zwangsläufig dabei sein. Spätestens Anfang 2001 hätte der letzte Anleger den Wert verlassen müssen. Für viele Anleger ist aber ein Verlust von 50% nicht akzeptabel, auch wenn keine Besserung in Sicht ist. Also wird gegen jede Vernunft alles oder nichts gespielt, in der Hoffnung, dass die Kurse doch wieder steigen mögen. Dies ist ein Spiel, welches nicht zu gewinnen ist. Mit einer klaren Strategie lassen sich solche Kapitalvernichtungen vermeiden. *(Abbildung 1.15)*

Sony, keine Chance auf Erholung

Nicht nur kleinere Unternehmen aus der zweiten oder dritten Reihe, wie die Aixtron-Aktie, sondern auch große internationale Konzerne, wie Sony, haben sich bis heute noch nicht erholt. *(Abbildung 1.16)*

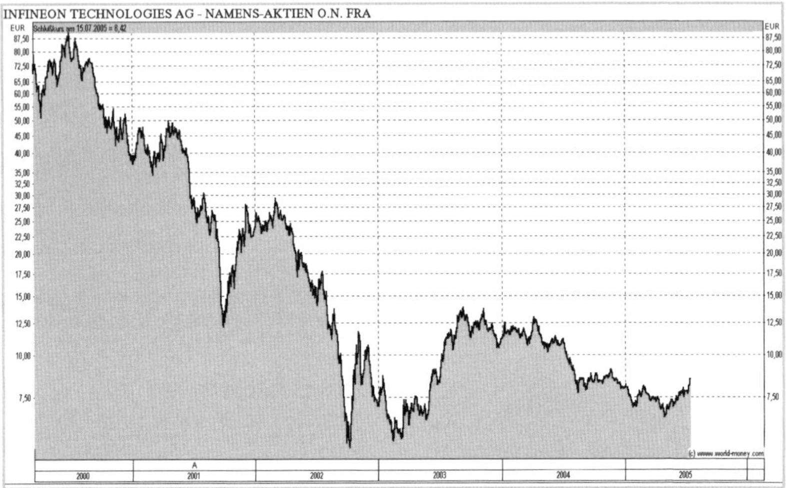

Abbildung 1.17: Infineon-Aktie

Abbildung 1.18: Deutsche Bank-, DaimlerChrysler- und Lufthansa-Aktie

Der Kurs der Sony-Aktie liegt, gegenüber dem Hoch von 2000, noch immer mit 80% im Minus. Stark angeschlagen liegt die Aktie in einem stabilen Abwärtstrend. Die Gründe, weshalb der Titel sich nicht wie die Märkte ab 2003 erholen konnte, sind vielschichtig. Eine kränkelnde Story lässt es nicht zu, dass Investoren sich an diesem Wert beteiligen und somit der Kurs der Aktie steigen kann. Mit der Sony-Aktie ließ sich in den letzten sechs Jahren kein Geld verdienen.

Infineon, zum Sterben geboren *(Abbildung 1.17)*

Infineon ist eine Aktie, mit der man bis heute kein Geld verdienen konnte. Für einen langfristigen Aktienanleger ein vollkommen ungeeignetes Investment. Für Spekulanten und Trader lohnt sie sich wohl schon.

Die Infineon-Aktie befindet sich im sechsten Jahr in einem stabilen Abwärtstrend und hat bereits über 90% an Wert, gegenüber ihres Hochs aus dem Jahr 2000, verloren. Die Aktie hat keine Story und ist somit auch eine Totgeburt. Der Titel ist nicht in der Lage Erholungen an den Märkten mitzugehen. Er hat seinen eigenen Verlauf, den Abwärtstrendverlauf.

Was haben die Aktien DaimlerChrysler, Deutsche Bank und Lufthansa gemeinsam?

Sie sind langfristige Kapitalvernichter. Mit diesen Aktien konnten Sie kein Geld verdienen. Diese drei Papiere liegen noch weit unter ihren Höchstständen aus dem Jahr 2000.

Im vorherigen Chartbild von 2000 bis Mitte 2005 sind die Verläufe der Deutschen-Bank-Aktie, DaimlerChrysler-Aktie sowie Lufthansa-Aktie überlagert dargestellt. Keine dieser drei Aktien hat es in den letzten fünfeinhalb Jahren geschafft, auch nur annähernd an ihre Kursstände aus dem Jahr 2000 heranzukommen. Der Kurs der Deutschen-Bank-Aktie liegt immer noch, gegenüber 2000, bei einem Minus von 23%. Das Minus bei der Daimlerchrysler-Aktie liegt sogar bei 38%. Am schlimmsten sieht es bei der Lufthansa-Aktie aus. Hier beträgt der Verlust ganze 55% gegenüber dem Kurs aus dem Jahr 2000. *(Abbildung 1.18)*

Abbildung 1.19: E.ON-, RWE- und MAN-Aktie

Nachdem im Jahre 2003 die Börsen anfingen sich langsam zu erholen, folgten auch Daimler, Deutsche Bank und Lufthansa anfänglich dieser Bewegung. Aber bereits nach kurzer Zeit war bei ihnen die Luft raus. Sie gaben einen großen Teil der Erholung wieder ab, um dann sukzessive weiter abzubröckeln. Eine merkliche Erholung seit 2003 fand nicht statt.

Alle drei Aktien haben eines gemeinsam, sie liegen in einem langfristig stabilen Abwärtstrend. Solange sie den Anlegern keine interessante, lohnenswerte Story bieten werden, ist eine Erholung aussichtslos. Diese drei Unternehmen haben zu viele Leichen im Keller. Auch bei einer sukzessiven Erholung der Gesamtmärkte werden diese Titel ihren Abwärtstrend nicht verlassen. So sehen keine Trendfolge-Aktien mit gesundem Aufwärtstrend aus.

Was haben die Aktien E.ON, RWE und MAN gemeinsam?

Diese Aktien haben ihre Höchststände aus dem Jahre 2000 bereits wieder hinter sich gelassen.

Mit diesen Aktien konnten Sie Geld verdienen

Das Chartbild von 2000 bis Juni 2005 zeigt die Verläufe der E.ON-Aktie, RWE-Aktie sowie MAN-Aktie als Überlagerung. Diese drei Aktien haben ihre Höchststände aus dem Jahre 2000 bereits wieder getoppt. Die Kurse der E.ON- und RWE-Aktien liegen bereits über 40% höher, gegenüber ihren Ständen aus 2000. Die MAN-Aktie kann immerhin schon ein Kursplus von 20% gegenüber 2000 aufweisen. Alle drei Werte stammen aus dem DAX. Der Index selber liegt noch mit 35% im Minus gegenüber 2000. *(Abbildung 1.19)*

So sehen Aktien aus, die eine erfolgsversprechende Story anzubieten haben. Sie erholen sich recht schnell von übergeordneten Ereignissen und folgen weiterhin ihrem Wachstumspfad.

Mit der Börsenerholung im Jahre 2003 starteten auch diese drei Aktien durch. Bis heute, bereits im dritten Jahr, steigen die Kurse dieser Papiere konstant und kontinuierlich an. In dieser Zeit haben sich die Kurse verdoppelt bzw. verdreifacht. Die Aktien befinden sich in einem intakten Aufwärtstrend, in dem sich für einen Anleger gut Geld verdienen lässt.

simplified

Fazit

Auf den vorherigen Seiten haben Sie erfahren, was Trendfolge-Aktien sind, wie sie sich verhalten und welche Möglichkeiten sie bieten.

Und schon sind sie da, die drei wichtigsten Fragen !

- **Wie erkenne ich einen Trend?**
- **Wie erkenne ich, dass der Trend stabil ist?**
- **Wie erkenne ich, wann der Trend gebrochen ist?**

In meinem nächsten Kapitel werden Sie erfahren, wie Trendfolge-Aktien identifiziert werden.

simplified

2 Identifikation von Trendfolgern durch Indikatoren

Bereits in den letzten 145 Jahren war die Geldanlage in Aktien eine erfolgreiche Investition. Die Aktien verloren zwar mehrmals durch starke Bewegungen an den Börsen erheblich an Wert. Doch es dauerte immer nur wenige Jahre und aus den Verlusten wurden wieder Gewinne, und die Aktien standen höher denn je. So wird es auch in Zukunft sein.
Der durchschnittliche jährliche Ertrag der Aktienanlage lag im einprozentigen Bereich.

Wissenschaftlich nachgewiesen ist die Tatsache, dass der Anleger bei Beachtung einiger **Börsenindikatoren** den Ertrag erheblich steigern konnte. Die Wirksamkeit dieser Indikatoren sind unterschiedlicher Natur. Nicht alle, sondern nur wenige sind geeignet, das Anlageergebnis deutlich zu verbessern.

Indikatoren helfen dem Investor bestehende Trends zu untersuchen und zu erkennen, ob diese Trends an Beständigkeit verlieren oder gar ein Trendwechsel erfolgt ist.

Ein Trend stellt die Richtung dar, in die sich ein Markt, eine Aktie oder z.B. ein Index bewegt. Das wichtigste Ziel besteht darin, den Börsentrend zu erkennen und zu bemerken, wann sich dieser Trend ändert.

Wichtig bei der Trendanalyse ist die Festlegung der Zeiträume, d.h. ob der Investor eine **langfristige** (2-3 Jahre), **mittelfristige** (4-8 Monate) oder **kurzfristige** (1-4 Wochen) Betrachtungsweise zugrunde legt.

Eine alte Börsenweisheit sagt, »**The Trend is your friend**«. Diese Weisheit sollten die Anleger berücksichtigen. Wer sich gegen den Trend stellt, legt sich mit dem Markt an und der ist im Zweifelsfall immer der Stärkere. Es existieren eine Vielzahl von Indikatoren, die auf unterschiedliche Weisen wirken und gelesen werden. Ich werde nachfolgend »**4**« für mich relevante **Indikatoren** betrachten.

Grundlegende Funktionsweise und Interpretation von Indikatoren

Grundsätzlich werden zwei Arten von Indikatoren unterschieden:

1. **Trendfolge-Indikatoren** (z.B. Gleitender Durchschnitt)
Der gleitende Durchschnitt ist nützlich, um die Richtung eines bestehenden Trends zu bestimmen und festzustellen, ob ein Trendwechsel stattgefunden hat. Gleitende Durchschnitte fungieren auch als Unterstützung und zur Bestimmung des Widerstandsniveaus.

2. **Oszillatoren** (z.B. MACD, RSI, MOM)
Sie geben Hinweise darauf, ob ein Markt einen extremen **Ober**- oder **Unterwert** erreicht hat. Der Vorteil eines Oszillators besteht darin, dass er sich antizipatorisch verhält. Oszillatoren warnen uns vor hohen Kursen und geben oft rechtzeitige Hinweise auf eine bevorstehende Trendwende. Sie gehören zu den zuverlässigsten Hilfsmitteln, die dem technischen Analysten zur Verfügung stehen.

Der gleitende Durchschnitt (GD)

Der gleitende Durchschnitt ist ein grafischer Indikator.

Dieser Indikator drückt die Summe der Kurswerte der letzten **n** Tage dividiert durch **n** aus. Für **n** werden üblicherweise Werte um **28 (kurzfristig), 100 (mittelfristig) und 200 (langfristig)** gewählt. Der gleitende Durchschnitt zeigt, je nach Zeitspanne, kurz-, mittel- oder langfristige Trends an.

Als Kaufsignal kann das Überqueren des **GD** (Punkt B und D in *Abbildung 2.1*) durch den Kurs von unten nach oben gewertet werden. Als Verkaufssignal wird das Überqueren des **GD** (Punkt A und C) durch den Kurs von oben nach unten gewertet. Der **GD** ist einer der populärsten Indikatoren. Er liefert die zuverlässigsten Signale von allen Indikatoren.

Aktien Chart der Volkswagen-AG mit gleitendem Durchschnitt (GD)

Die mittelfristige Durchschnittslinie (gleitender Durchschnitt über 100 Tage in *Abbildung 2.1*) zeigt wesentlich früher (Punkte **A** und **B**) Kauf-, bzw. Verkaufssignale an. Die zweite Linie ist der gleitende Durchschnitt über 200 Tage, hier folgen die Kauf-, bzw. Verkaufssignale (Punkte **C** und **D**) wesentlich später. Mit größeren Werten für **n** werden langfristige Trends besser, andererseits werden mit kleineren Werten für **n** Trendwechsel früher erkannt. *(Abbildung 2.1)*

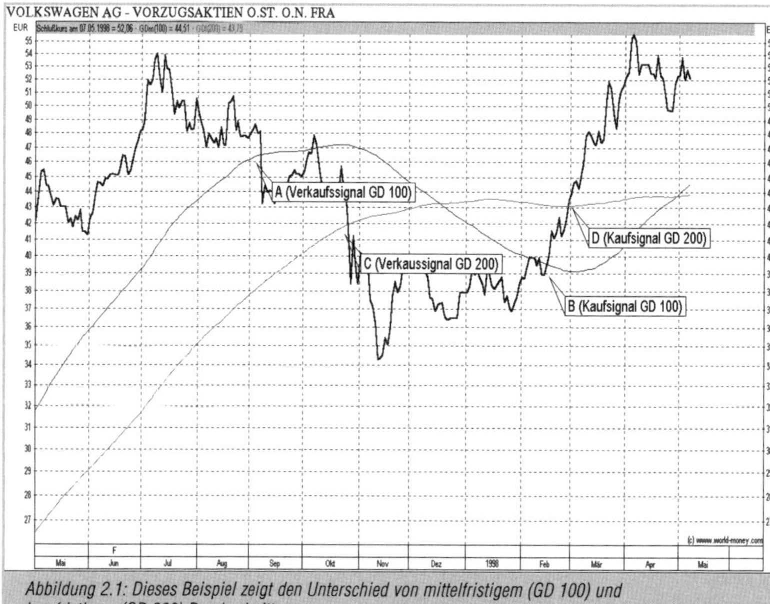

Abbildung 2.1: Dieses Beispiel zeigt den Unterschied von mittelfristigem (GD 100) und langfristigem (GD 200) Durchschnitt.

Moving Average Convergence/Divergence (MACD)

Der MACD nimmt auf dem Gebiet der technischen Indikatoren eine Doppelstellung ein, da er sowohl als **Trendfolger** als auch als **Oszillator** interpretiert werden kann. Der MACD-Indikator gibt, mit Hilfe verschiedener **Durchschnittslinien** (Moving Averages) und ihrer Bewegung zueinander (Convergence) oder voneinander (Divergence), Signale für die weitere Entwicklung eines Kurses.

Der MACD besteht aus **zwei Linien**, die aus drei verschiedenen EMA (exponentiell geglätteter, gleitender Durchschnitt) ermittelt werden.

Die erste Kurve wird ermittelt, indem zunächst die Kurse der vergangenen 26 Tage zusammen gezählt werden und diese Summe durch 26 geteilt wird. Reiht man die Ergebnisse der letzten 26 Tage aneinander, so ergibt sich die Durchschnittslinie der vergangenen 26 Tage. Auf gleiche Art und Weise wird die Durchschnittslinie der vergangenen 12 Tage konstruiert.

Die MACD-Linie erhält man nun, indem man jeweils vom Wert der 12-Tage-Linie den der 26-Tage-Linie abzieht. Beide Linien werden exponentiell gewichtet, damit die jüngeren Kurswerte einer Datenreihe ein etwas höheres Gewicht als die älteren Kurswerte bekommen.

Die MACD-Linie oszilliert um die Nulllinie und kann ähnlich wie das Momentum interpretiert werden. Sie gibt die generelle Richtung an.

Seine eigentliche Raffinesse gewinnt der MACD jedoch erst, indem er eine zweite Kurve ins Spiel bringt. Die Werte dieser Kurve werden aus der MACD-Linie gewonnen. Die neue Kurve ist ein Durchschnitt aus den neun jüngsten Werten der MACD-Linie (exponentiell geglättet), die als **Signallinie**, genannt »**Trigger**«, dient.

Die **Schnittpunkte** zwischen **MACD-Linie und Signallinie** werden als die eigentlichen **Kauf- und Verkaufsempfehlungen** interpretiert. Eine **Long-Position** wird eröffnet (Kaufsignal), wenn der MACD den Trigger aufwärts schneidet. Wird der MACD vom Trigger wieder eingeholt, wird die Position wieder geschlossen.

Dieser, von Gerald Appel, entwickelte Indikator ist hier in seiner Standardeinstellung beschrieben **(12/26/9)**. In der Praxis sind mittels Computer unendlich viele Einstellungen möglich.

Möglich ist auch die Verwendung des MACD nur als **Trendanzeiger**, wenn man zum konkreten Ein- und Ausstieg auf andere Indikatoren vertraut. Auf diese Weise wird umgangen, dass der MACD einerseits zuverlässiger wird, je langsamer er eingestellt ist, andererseits dann aber auch oft Trends »verschläft«.

Eine dritte Möglichkeit der Interpretation des MACD besteht in der Suche nach Divergenzen, d. h. **gegenläufiger Tendenz von MACD-Linie und Kurs**. Bildet der Kurs neue Tiefstände heraus, während der MACD schon wieder eine Aufwärtstendenz zeigt, so könnte dies ein Anzeichen für einen nahenden **Trendumschwung** auch im Basiswert sein.

Vor allem in den letzten Jahren erfreut sich der MACD einer außerordentlichen Beliebtheit, sowohl bei Privatanlegern als auch bei Börsenprofis, was vor allem auf seine Vielseitigkeit zurückzuführen ist.

Wie treffsicher der **MACD in der Einstellung (12/26/9)** ist, zeigt der Chart in der *Abbildung 2.2 (Seite 42)* mit seinen **Kauf- und Verkaufssignalen**. Der obere Teil des Charts zeigt die Kurslinie der Aktie. Der untere Teil zeigt den MACD-Indikator.

Grundsätzlich gilt für das Trading mit dem MACD: kaufen, wenn die MACD-Linie die Signallinie nach oben kreuzt; verkaufen, wenn die MACD-Linie die Signallinie nach unten kreuzt.

Um die besten Ergebnisse mit dem MACD zu erzielen, ist es ratsam, auf Überkreuzungen zu warten, denen eine Divergenz vorangeht, die durch die folgende Kursbewegung bestätigt wird *(siehe Abbildung 2.3 und 2.4)*.

Weiterhin ist zu beachten, dass der entsprechende Markt oder die Aktie überkauft oder heißgelaufen ist, wenn beide Kurven weit oberhalb der Nulllinie verlaufen. Verlaufen beide Kurven tief im negativen Bereich, ist der Markt oder die Aktie überverkauft. In beiden Fällen sollte eine Gegenbewegung der Kurse den Indikator zumindest in die mittlere Zone zurückführen.

Aktien-Chart der Volkswagen-AG mit dem MACD

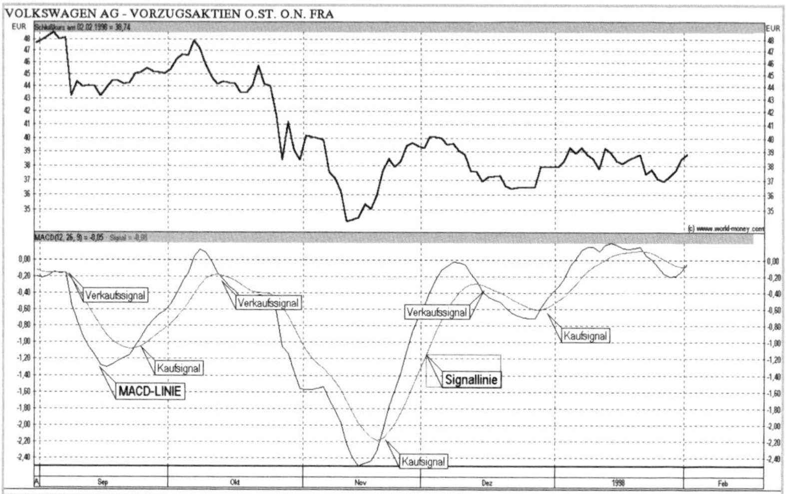

Abbildung 2.2: MACD-Kennlinie;
Schnittpunkte der MACD-Linie und der Signallinie führen zu kurzfristigen Signalen

Aktien-Chart der Volkswagen-AG mit dem MACD

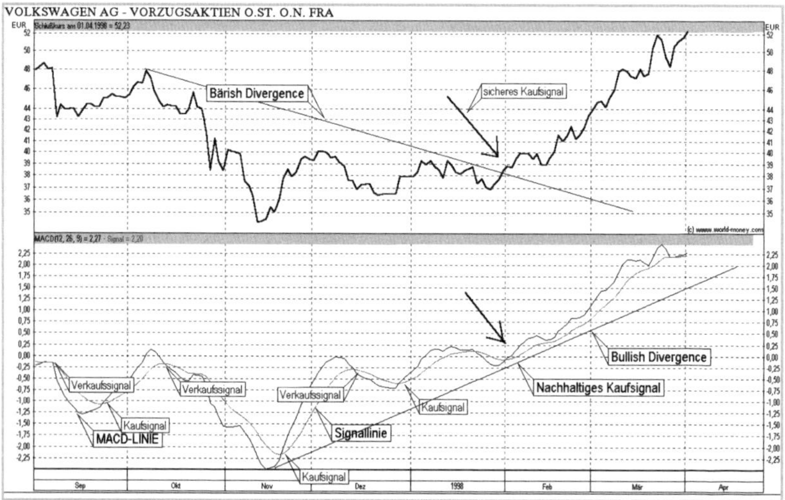

Abbildung 2.3: Beispiel einer bullischen Divergenz

simplified

Wichtig

Aufwärtstrends sind gerade dadurch gekennzeichnet, dass sich Indikatoren, wie der MACD, überwiegend im positiven Bereich der Skala bewegen, während sie sich in Abwärtstrends meist im negativen Bereich aufhalten.

Obwohl es in *Abbildung 2.3, links* eine **bärische Divergenz** zwischen dem neuen Tief, Ende Januar 1998, und dem höheren Tief, Anfang Oktober 1997 gibt, ist es nicht ratsam eine **Long-Position** (Kaufen) einzugehen, bevor der Kurs die **bärische Trendlinie** durchbrochen hat. Sicherste Kaufsignale waren Ende Januar 1998, durch Kaufpfeile markiert.

Bewegt sich zum Beispiel die MACD-Kurve Schritt für Schritt aus der negativen Hälfte der Skala in die positive Hälfte, obwohl die Kurse selbst weiter nach unten zeigen, entsteht eine **positive Divergenz** *(siehe Abbildung 2.3, links)*. Neigt der Indikator vor den Kursen zur Schwäche, entsteht eine **negative Divergenz** *(siehe Abbildung 2.4, Seite 44)*. Beide Fälle geben frühzeitig Indizien für die weitere Entwicklung der Kurse.

Der Momentum-Oszillator

Das **Momentum** gehört zu den einfachen Indikatoren**. Es zeigt die Schwungkraft und die Intensität der Kursveränderung an**. Für jeden Tag wird die Differenz aus dem aktuellen Aktienkurs und dem Kurs vor **n**-Tagen gebildet. Diese Werte ergeben aneinandergereiht einen Graphen, der sowohl positive, als auch negative Werte annehmen kann.

Die **Formel** für den Momentum-Oszillator lautet:

M=C-Cn

C = der letzte Schlusskurs **Cn =** der Schlusskurs vor **n**-Tagen

Für **n** gibt es je nach Bedarf und Interpretation die unterschiedlichsten **Einstellungen** *(siehe Abbildung 2.5, Seite 44)*.

Aktien-Chart der E.ON-AG mit dem MACD

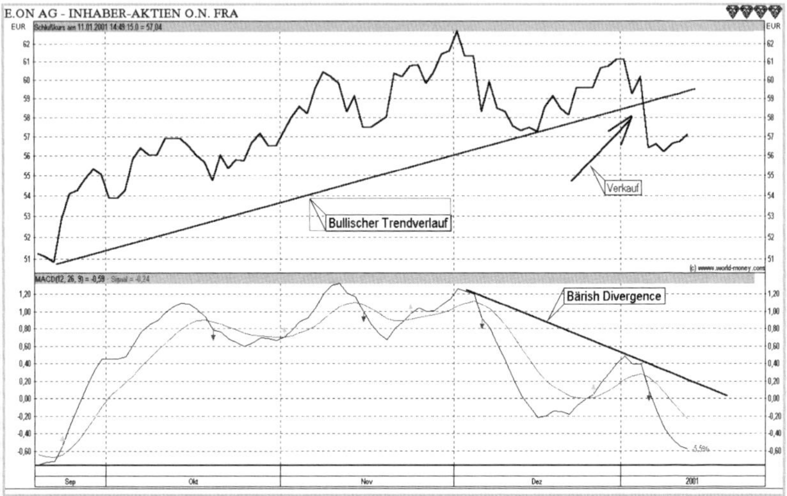

Abbildung 2.4: Beispiel einer bärischen Divergenz im MACD. Sie führt dazu, dass der bullische Trendverlauf nach unten druchbrochen wurde.

Aktien-Chart der E.ON-AG mit Momentum-Indikator

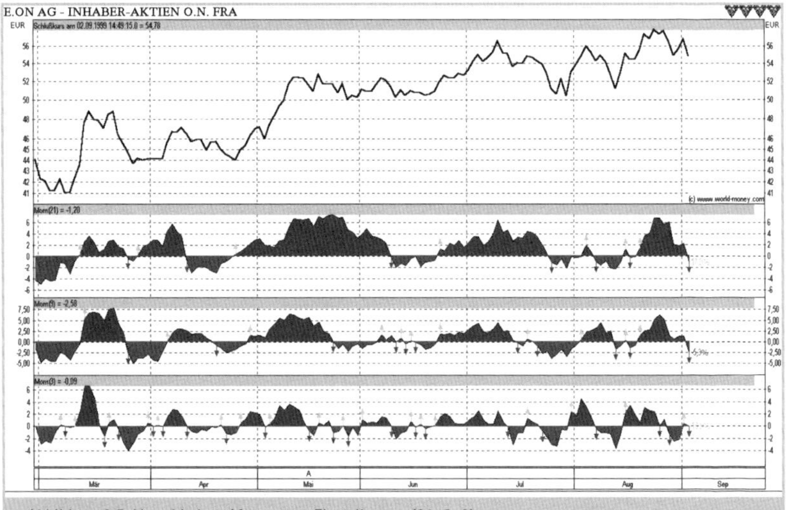

Abbildung 2.5: Verschiedene Momentum-Einstellungen (21, 9, 3)

Die Kurve pendelt um eine Nulllinie. Werte größer als Null bedeuten, dass der Kurs der Aktie in den letzten **n** Tagen gestiegen ist. Werte kleiner als Null bedeuten das Gegenteil. Als Kaufsignal gilt beim Momentum vor allem das Durchbrechen der Nulllinie von unten nach oben (*siehe Abbildung 2.6* Punkt A und B). Dies soll den Beginn eines Aufwärtstrends anzeigen.

Als Verkaufssignal wird es gewertet, wenn sich das Momentum wieder dem negativen Bereich nähert, oder gar die Nulllinie nach unten durchbricht (*siehe Abbildung 2.6* Punkt C und D).

Herrscht ein Seitwärtstrend vor, pendelt das Momentum um die Nulllinie herum und produziert viele Kauf- und Verkaufssignale, die wenig gewinnversprechend sind. Das **Momentum** gehört jedoch zu den **leistungsfähigsten Indikatoren**, wenn der Markt starke Tendenzen aufweist.

Aktien-Chart der E.ON-AG mit Momentum-Indikator

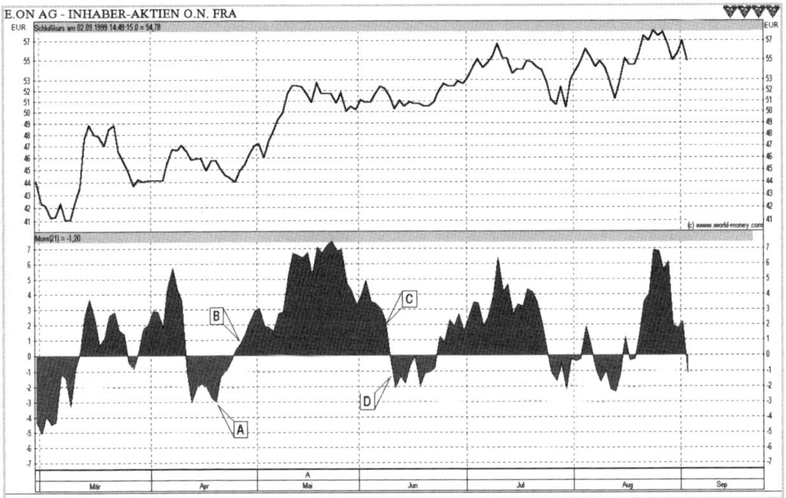

Abbildung 2.6: Momentum-Analyse. Nach Punkt A nahm das bärische Momentum ab. Bei Punkt B wurde das Momentum bullisch. Das bullische Momentum schwächte sich bei Punkt C ab. Bei Punkt D wurde das Momentum dann bärisch.

Der Relative-Strength-Index (RSI)

Der Relative-Strength-Index wurde von J. Welles Wilder, 1978 in seinem Werk »New Concept in Technical Trading Systems« eingeführt. Von allen Momentum-Oszillatoren, die zurzeit verwendet werden, ragt der RSI gegenüber anderen grundlegenden Chartanalyse-Methoden, wie **Trendlinien** und **Chartmustern**, sowie **Unterstützung und Widerstand**, heraus.

Der RSI zeigt überkaufte und überverkaufte Marktsituationen an. Hier werden die Aufwärtskursdifferenzen eines Wertes ins Verhältnis zu den Abwärtsdifferenzen gesetzt. Das Indikatorenfenster hat eine Skala von null bis hundert. Der Skalenbereich von 30 und 70 ist gekennzeichnet.

Formel:

RSI = 100 - 100/(1+RS)

$$RS = \frac{\text{Durchschnitt n Tage positive Schlusskurse}}{\text{Durchschnitt n Tage negative Schlusskurse}}$$

n = 9 Zeiteinheiten

Um beispielsweise einen **Neun-Tage-RSI** zu berechnen, addiert man zuerst die Anzahl der gewonnenen Punkte positiver Tage in der Neun-Tage-Periode und dividiert die Summe durch neun. Anschließend addiert man die Anzahl der verlorenen Punkte negativer Tage in der Neun-Tage-Periode hinzu und dividiert das Ergebnis wieder durch neun. Als Nächstes wird die relative Stärke ermittelt, indem man den positiven Durchschnitt durch den negativen Durchschnitt teilt.

Beispiel:

Berechnung der relativen Stärke einer Aktie aus den Daten der letzten 9 Tage.
Schritt 1.: **Ermittlung des positiven Durchschnitts** der Kursgewinne einer Aktie aus den letzten 9 Tagen.
= Summe der Kursgewinne einer Aktie aus den letzten 9 Tagen / 9 Tage

Schritt 2.: **Ermittlung des negativen Durchschnitts** von Kursverlusten einer Aktie aus den letzten 9 Tagen.
= Summe der Kursverluste einer Aktie aus den letzten 9 Tagen / 9 Tage

Schritt 3.: **Ermittlung des RS**
RS = Positiver Durchschnitt / Negativen Durchschnitt

Anschließend wird der RS in die RSI-Formel eingefügt, um einen Oszillator zu erhalten, der zwischen Null und 100 schwankt.

Der RSI setzt die relative Stärke von Kursgewinnen zu Kursverlusten in Beziehungen.

Wenn die Indikatorlinie unter 30 liegt, so zeigt dies einen überverkauften Trend. Sollte sie nun aufwärts steigen, so dass die 30er-Linie von unten durchstoßen wird, ist dies als Kaufsignal zu werten *(siehe Abbildung 2.7, Seite 48)*.

Im umgekehrten Fall, wenn die Indikatorlinie über der 70er-Marke liegt, weist dies auf einen überkauften Trend. Sollte hierbei diese Linie die 70er-Marke von oben nach unten durchstoßen, so ist dies als Verkaufssignal zu werten *(siehe Abbildung 2.8, Seite 48)*. Der normale Bereich des RSI liegt zwischen der 30er- und 70er-Marke.

Der RSI kann mit einer beliebigen Anzahl von Tagen, die der technische Analyst als hilfreich erachtet (Erfahrungswert), erstellt werden.

Der Williams-Percent-Range-W%R-Index

Der Williams%Range zeigt als Oszillator überkaufte bzw. überverkaufte Marktsituationen. Die Berechnung des W%R gibt die relative Lage des Schlusskurses innerhalb des definierten Kursbereichs an.

Der Williams%Range-Index ist ein Indikator, bei dem für jeden Tag anhand der Kurse der vergangenen **n** Tage ein Index berechnet wird, der Werte zwischen 0 und 100% annimmt.

Aktien-Chart der E.ON-AG mit RSI-Indikator

Abbildung 2.7: Bestätigung einer bullischen Divergenz im RSI (9 Tage) 30er-Marke. Nach Durchbruch Ende September und einer zweimaligen Bestätigung dieses Durchbruchs im September, was auch als Kaufsignal angesehen werden konnte, leitete sich eine Trendumkehr ein.

Aktien-Chart der E.ON-AG mit RSI-Indikator

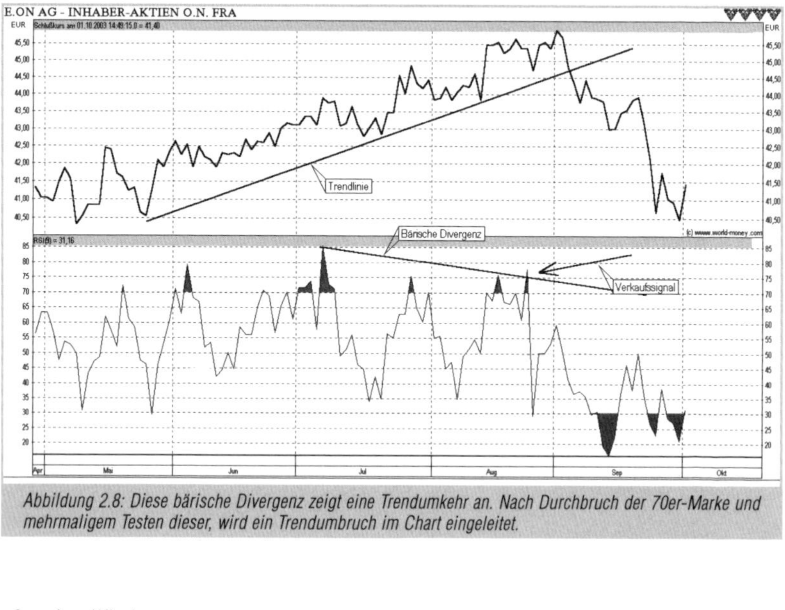

Abbildung 2.8: Diese bärische Divergenz zeigt eine Trendumkehr an. Nach Durchbruch der 70er-Marke und mehrmaligem Testen dieser, wird ein Trendumbruch im Chart eingeleitet.

Der W%R wird berechnet:

$$W\%R(t) = (H(n) - C(t)) / (H(n) - T(n)) * 100\%$$

t = aktueller Börsentag
n = betrachteter Zeitraum in Tagen
C = Tagesschlusskurs
H(n) = Höchstkurs der vergangenen n Tage
T(n) = Tiefstkurs der vergangenen n Tage

Dies ergibt in der Regel eine sehr bewegliche Kurve, je kürzer der Betrachtungszeitraum.

Bei dem Indikator geht man von der Annahme aus, dass nach einer Phase stärkerer Käufe Gewinnmitnahmen stattfinden und dadurch die Kurse wieder fallen werden. Analog dazu soll bei einem überverkauften Markt wieder eine Kaufwelle stattfinden.

Das Indikatorfenster hat eine Skala von 0 bis 100%. Bei einer Linie über 80% liegt ein überkaufter Markt vor. Dies ist ein Verkaufssignal. Bei einer Linie unter 20% liegt ein überverkaufter Markt vor, mit zu erwartenden, steigenden Kursen. Beim Durchstoßen der 50%-Linie sollte spätestens geordert werden.

An diesem Indikator lässt sich recht gut veranschaulichen, dass man bei der Technischen Analyse den Kauf- bzw. Verkaufssignalen nicht immer sklavisch folgen darf.

Wer beim mehrmaligen Durchbruch der 50%-Linie von oben nach unten in der Zeit von August 1997 bis Januar 1998 einen Kauf getätigt hat, ist vier Fehlsignalen zum Opfer gefallen. Im Chartbild *(Abbildung 2.9, Seite 50)* lassen sich diese vier Fehlsignale deutlich erkennen. Diese Signale waren nicht nachhaltig genug. Sie korrigierten in kurzer Zeit sofort wieder in den negativen Bereich. Der Kurs der Aktie ist in diesem Zeitraum von sechs Monaten seitwärts gependelt.

Erst im Februar 1998 beim fünften Versuch die 50%-Linie von oben nach unten zu durchbrechen, gelang es dem Indikator nachhaltig unter dieser

Aktien-Chart der BASF-AG mit WPR-Indikator

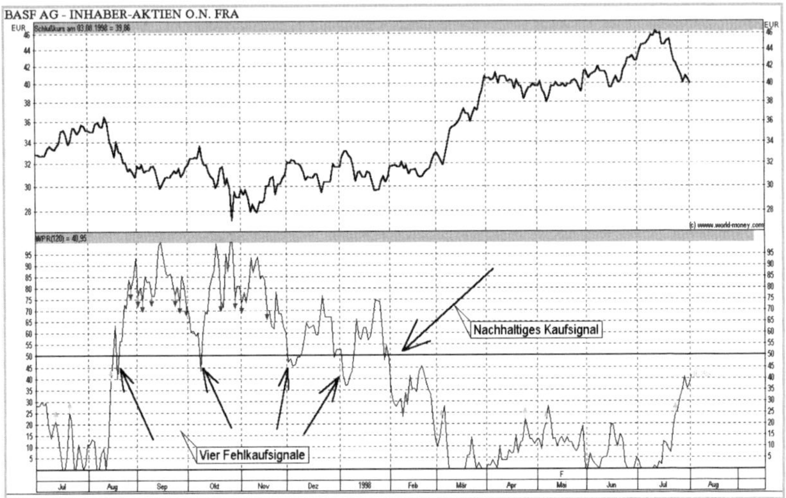

Abbildung 2.9: Chart zeigt den W%R (120) am Beispiel der BASF-Aktie

Marke zu bleiben. Dieses Kaufsignal wurde durch ein stetiges Steigen des Aktienkurses bestätigt.

Seine große Bedeutung bekommt der W%R aber erst bei einer etwas anderen Deutung und der Kombination mit weiteren Indikatoren.

simplified

Fazit

Die gezeigten Indikatoren werden weltweit seit Jahrzehnten von institutionellen Anlegern verwendet. Viele technische Analysten versuchen mit ihrer Hilfe die herrschenden Marktverhältnisse, die Handelsspanne oder den Trend zu bestimmen und die dafür geeignetsten Indikatoren auszuwählen.

Die Möglichkeiten der markttechnischen Analyse sollten nicht unterschätzt, aber auch nicht überbewertet werden. Sie leisten auf jeden Fall gute Dienste, wenn der optimale Zeitpunkt für den Kauf oder Verkauf von Aktien gefunden werden soll.

Nicht immer sind Indikatorensignale aber so klar, dass sie eine eindeutige Interpretation ermöglichen. **Das Problem liegt oft in der richtigen Anwendung.**

Sie setzt Erfahrung und Kombinationsgabe, sowie die instinktive Anwendung ergänzender oder alternativer Methoden voraus.

Wie eine klare, unkomplizierte Deutung und Bewertung der 4 Indikatoren aus meiner Sicht aussehen kann und somit unmissverständlich einen Trendverlauf identifiziert, sehen Sie im nächsten Kapitel.

simplified

3 Interpretation und Bewertung der 4 Indikatoren für mein Trendfolgemodell

Zunächst werden die Indikatoren einzeln betrachtet und unkompliziert bewertet.

Interpretation und Bewertung des MACD

Zur Trenderkennung wird der MACD als Trendfolger analysiert und bewertet. Das bedeutet, dass der MACD um die Nulllinie pendelt. Er zeigt im positiven Bereich einen Aufwärtstrend und im negativen Bereich einen Abwärtstrend an. Signifikante Kaufsignale zeigt der MACD beim Durchbruch der Nulllinie von unten nach oben. Umgekehrt entstehen Verkaufssignale. Solange sich der MACD im positiven Bereich befindet, ist mit einem Fortbestand eines Aufwärtstrends zu rechen.

Analyse und Bewertung des MACD-Indikators am Beispiel der DEPFA-Aktie. Der obere Teil des Charts zeigt den Kursverlauf der Aktie, der untere Teil des Charts den Verlauf des MACD-Indikators. Der MACD-Indikator befindet sich in der Standardeinstellung 12/26/9.

Sehen Sie sich die Signale des MACD Indikators am Beispiel der DEPFA Bank an *(Abbildung 3.1, Seite 54)*. Bis Mitte Februar verläuft der MACD im positiven Bereich und bestätigt damit den bestehenden Aufwärtstrend der Aktie. Danach kommt es zu einem Bruch von oben nach unten durch die Nulllinie. Das ist ein deutliches Verkaufssignal. In den weiteren Wochen verweilt der MACD weiter im negativen Bereich, mit der Folge eines weiteren, kontinuierlichen Kursrückgangs.

Sehen Sie sich das Kaufsignal des MACD-Indikators am Beispiel der DEPFA-Aktie an *(Abbildung 3.2, Seite 54)*. Bis Ende März 2003 befindet

Verkaufssignal des MACD-Indikators am Beispiel der DEPFA Bank

Abbildung 3.1: DEPFA Bank – Verkaufssignal

Kaufsignal des MACD-Indikators am Beispiel der DEPFA Bank

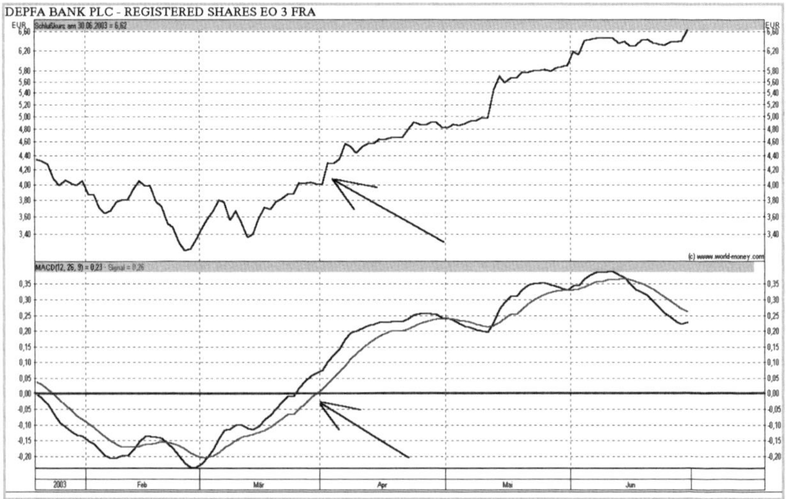

Abbildung 3.2: DEPFA Bank – Kaufsignal

sich der MACD unterhalb der Nulllinie im negativen Bereich. In der letzten Märzwoche 2003 durchbricht der MACD von unten nach oben die Nulllinie und erzeugt somit ein Kaufsignal. Dieses Kaufsignal bestätigt der MACD-Indikator, indem er im positiven Bereich weiter verweilt. Solange der Indikator im positiven Bereich verweilt, ist die Aktie zu jeder Zeit ein Kauf.

Der Chartverlauf der DEPFA-Aktie bestätigt die Signale des MACD-Indikators. Solange dieser im positiven Bereich bleibt, steigt auch der Kurs der Aktie.

Interpretation und Bewertung des Momentum-Indikators

Der Momentum-Indikator schwankt um die Nulllinie. Ein Durchbruch dieser Linie von unten nach oben wird als Trendumkehr gesehen. Ein weiteres Verweilen im positiven Bereich wird als Aufwärtstrendbestätigung gewertet. Umgekehrt wird ein Durchbruch von oben nach unten als Trendbruch gewertet und ein Verweilen im negativen Bereich als Abwärtstrendbestätigung.

Analyse und Bewertung des Momentum-Indikators am Beispiel der DEPFA-Aktie *(Abbildung 3.3, Seite 56)*. Der obere Teil des Charts zeigt den Kursverlauf der Aktie, der untere Teil des Charts den Verlauf des Momentum-Indikators.

Visuell lässt sich dieser Indikator wunderbar darstellen. Solange sich der Indikator im hellen Bereich (oberhalb der Nulllinie) befindet, ist mit weiter steigenden Kursen zu rechnen. Im hellen Bereich ist der Indikator trendbestätigend. Ende Februar taucht der Indikator in den dunklen Bereich (unterhalb der Nulllinie) ab und setzt damit ein klares Verkaufssignal. Solange der Indikator im dunklen Bereich verweilt, wird es zu weiteren Kursrückgängen kommen und zur Ausbildung eines Abwärtstrends.

Sehen Sie sich das Kaufsignal des Momentum-Indikators am Beispiel der

Verkaufssignal des Momentum-Indikators am Beispiel der DEPFA Bank

Abbildung 3.3: DEPFA Bank – Verkaufssignal

Kaufsignal des Momentum-Indikators am Beispiel der DEPFA Bank

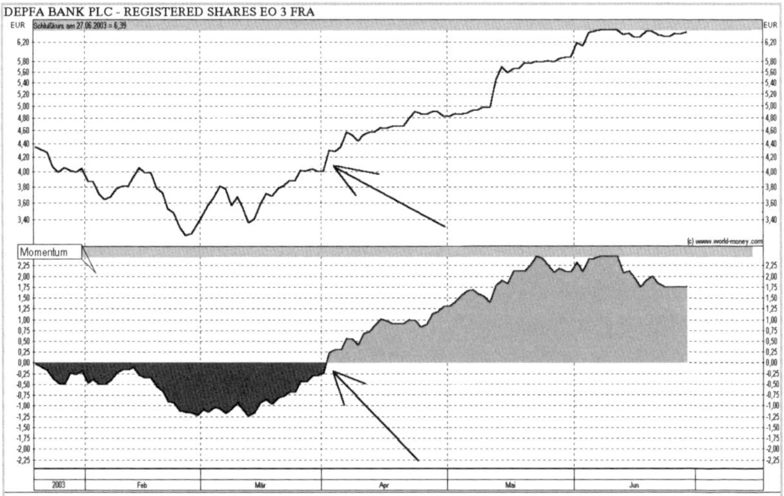

Abbildung 3.4: DEPFA Bank – Kaufsignal

DEPFA-Aktie an *(Abbildung 3.4, links)*. Bis Ende März 2003 befindet sich das Momentum unterhalb der Nulllinie im negativen Bereich. In der ersten Aprilwoche 2003 durchbricht der Momentum-Indikator von unten nach oben die Nulllinie und erzeugt somit ein Kaufsignal. Der Kurs der DEPFA-Aktie steigt kräftig an. Von Woche zu Woche nimmt das Momentum an Stärke zu und bestätigt damit die starke Kursentwicklung. Solange das Momentum im positiven Bereich verweilt, wird das Kaufsignal bestätigt. Ein Aufwärtstrend hat sich etabliert.

Verkaufssignal des RSI-Indikators am Beispiel der DEPFA Bank

Abbildung 3.5: DEPFA Bank – Verkaufssignal

Kaufsignal des RSI-Indikators am Beispiel der DEPFA Bank

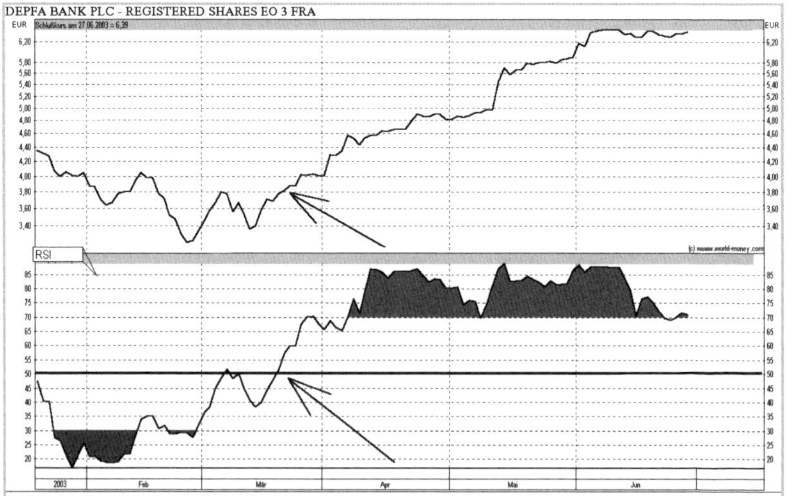

Abbildung 3.6: DEPFA Bank – Kaufsignal

Interpretation und Bewertung des RSI-Indikators

Der RSI-Indikator misst die innere Stärke einer Aktie und zeigt gleichzeitig überkaufte bzw. überverkaufte Marktsituationen an. Bei der Bewertung des RSI-Indikators werden alle Werte in den Bereichen zwischen 50 und 100 als positiv gewertet und alle Werte unter 50 negativ gewertet.

Analyse und Bewertung des RSI-Indikators am Beispiel der DEPFA-Aktie *(Abbildung 3.5)*. Der obere Teil des Charts zeigt den Kursverlauf der Aktie, der untere Teil des Charts zeigt den Verlauf des RSI-Indikators. Solange der RSI sich über der Marke von 50 hält, ist mit einem steigenden Trendverlauf zu rechnen. Bis Mitte Februar ist dies auch der Fall. Im Februar unterschreitet der RSI-Indikator die Marke 50 und zeigt damit einen Trendbruch an, der als Verkaufssignal gewertet wird. Der weitere Verlauf des Indikators liegt dann unter der Marke 50 und signalisiert somit einen weiteren Kursverfall.

Sehen Sie sich das Kaufsignal des RSI-Indikators am Beispiel der DEPFA-Aktie an *(Abbildung 3.6)*. Bis Ende März 2003 befindet sich der RSI unterhalb der 50%-Marke im negativen Bereich. Der Kurs der DEPFA-Aktie bröckelt sukzessive ab. In der dritten Märzwoche 2003 durchbricht der RSI von unten nach oben die 50%-Marke und erzeugt somit ein Kaufsignal.

Der Kurs der DEPFA-Aktie fängt an zu steigen. In den nächsten Monaten verweilt der RSI-Indikator über der 50%-Marke und bestätigt das Kaufsignal. Solange sich der RSI über der 50%-Marke aufhält, steigt auch der Kurs der Aktie stetig weiter an. Mit dem Bruch der 50%-Marke von unten nach oben bildetet sich ein neuer Verlauf der Aktie aus.

Verkaufssignal des W%R-Indikators am Beispiel der DEPFA Bank

Abbildung 3.7: DEPFA Bank – Verkaufssignal

Kaufsignal des W%R-Indikators am Beispiel der DEPFA Bank

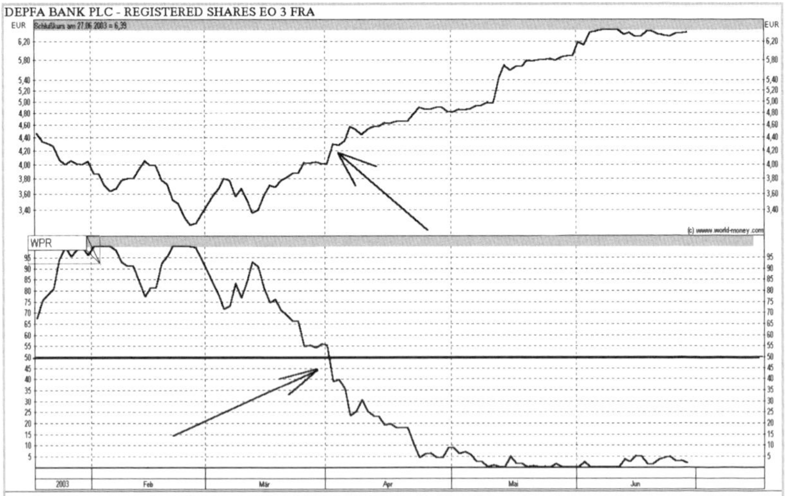

Abbildung 3.8: DEPFA Bank – Kaufsignal

Interpretation und Bewertung des W%R-Indikators

Der **W%R** zeigt als Oszillator überkaufte bzw. überverkaufte Marktsituationen an. Bei der Bewertung des W%R werden alle Werte, die unter der Marke von 50 liegen positiv und alle Werte die über 50 liegen negativ gewertet.

Analyse und Bewertung des W%R-Indikators am Beispiel der DEPFA-Aktie *(Abbildung 3.7, links)*. Der obere Teil des Charts zeigt den Kursverlauf der Aktie, der untere Teil den Verlauf des W%R-Indikators. Das Indikatorenfenster hat eine Skala zwischen 0 bis 100%. Bis Ende Februar liegt der WPR-Indikator deutlich unter der 50%-Marke. Der Kurs der Aktie steigt kontinuierlich und bestätigt den Aufwärtstrend.

Ende Februar durchbricht der W%R-Indikator die 50%-Marke von unten nach oben und generiert somit ein Verkaufssignal. Im weiteren Verlauf gibt der Kurs der Aktie weiter ab, da sich der W%R-Indikator weiterhin über der 50%-Marke befindet. Die eingeleitete Abwärtsbewegung wird solange Bestand haben, bis der Indikator wieder unter die 50%-Marke geht.

Sehen Sie sich das Kaufsignal des W%R-Indikators am Beispiel der DEPFA-Aktie an *(Abbildung 3.8, links)*. Bis Ende März 2003 befindet sich der W%R-Indikator oberhalb der 50%-Marke im negativen Bereich. In der ersten Aprilwoche 2003 durchbricht der W%R von oben nach unten die 50%-Marke und erzeugt somit ein Kaufsignal.

Dieses Kaufsignal bestätigt der W%R-Indikator von nun an solange, wie er unter der 50%-Marke verbleibt. Der Kurs der DEPFA-Aktie steigt solang, wie der Indikator sich im positiven Bereich befindet. Es bildet sich ein Aufwärtstrend heraus, solange wie der W%R-Indikator unter der 50%-Marke verbleibt. Solang er dort verweilt ist jeder Moment ein Kaufmoment.

Adidas-Aktie mit MACD-Indikator

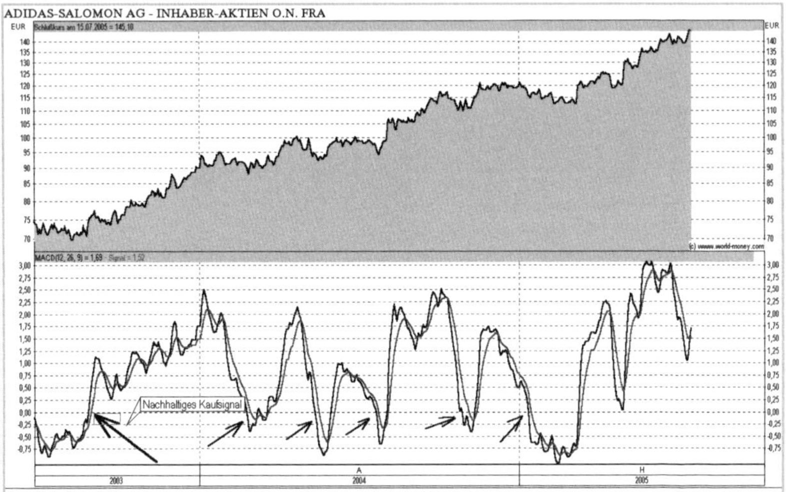

Abbildung 3.9: Adidas-Aktie mit MACD-Indikator

Adidas-Aktie mit RSI-Indikator

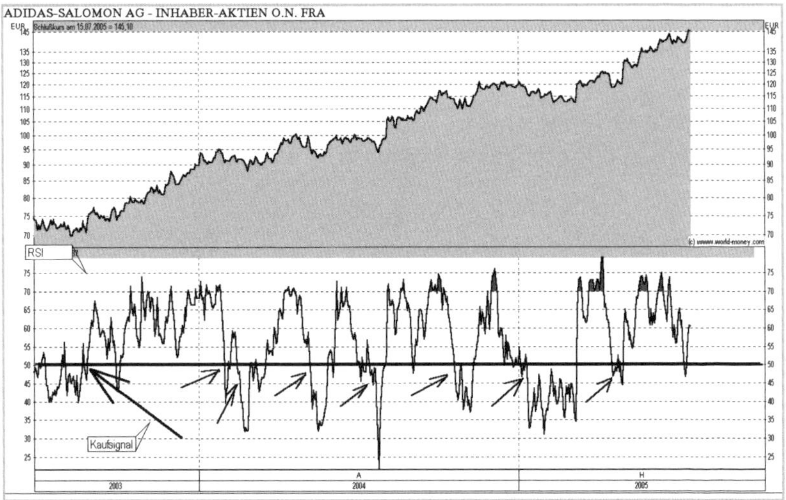

Abbildung 3.10: Adidas-Aktie mit RSI-Indikator

Ein einzelner Indikator erzeugt zu viele Fehlsignale

Die nachfolgenden vier Betrachtungen der Adidas-Aktie, mit jeweils einem Indikator, werden verdeutlichen, dass ein einzelner Indikator zu viele Fehlsignale zur Identifizierung eines intakten Trendverlaufs liefert. Alle vier Betrachtungszeiträume bei den Indikatoren MACD, MOM, RSI und W%R sind gleich lang.

In den Jahren 2003 bis Juni 2005 erzeugt der MACD-Indikator, nachdem er Anfang 2003 ein nachhaltiges Kaufsignal generierte (großer Pfeil), fünf Verkaufssignale und Kaufsignale (siehe kleine Pfeile). Die MACD-Linie durchbrach dabei von oben nach unten die Nulllinie in den negativen Bereich. Kurze Zeit später wanderte die MACD-Linie wieder in den positiven Bereich und erzeugte somit ein Kaufsignal *(Abbildung 3.9, links)*.

Bei Befolgung dieser fünf Signale wäre es in diesem intakten Trendverlauf zu fünf An- und Verkäufen in nur 18 Monaten gekommen. Der Chartverlauf der Adidas-Aktie zeigt uns deutlich, dass diese An- und Verkäufe mit Sicherheit nicht zu einer Performancesteigerung beigetragen hätten.

Keines dieser fünf Signale hatte einen Einfluss auf den Trendverlauf der Adidas-Aktie. Sie waren klare Fehlsignale.

Der RSI-Indikator ist in seiner Einstellung der aktivste von den vier Indikatoren. Nach seinem Kaufsignal im Sommer 2003 (großer Pfeil) verweilte der RSI-Indikator über sechs Monate im positiven Bereich. Solange der Indikator über der 50%-Marke verweilt, ist dies ein Hinweis auf weiter steigende Kurse. Die Kurssteigerungen sind im Chartbild auch deutlich nachvollziehbar *(Abbildung 3.10, links)*.

Im weiteren Verlauf erzeugt der Indikator dann immer wieder einige Verkaufssignale. Der RSI-Indikator verweilt eine kurze Zeit unter der 50%-Marke, um dann recht zügig wieder ein Kaufsignal zu erzeugen und über der 50%-Marke zu verweilen.

In den kurzen Phasen, in dem der Indikator im negativen Bereich verweilt, verschnauft der Kurs der Aktie ein wenig. Dieses Verweilen führt

Adidas-Aktie mit Momentum-Indikator

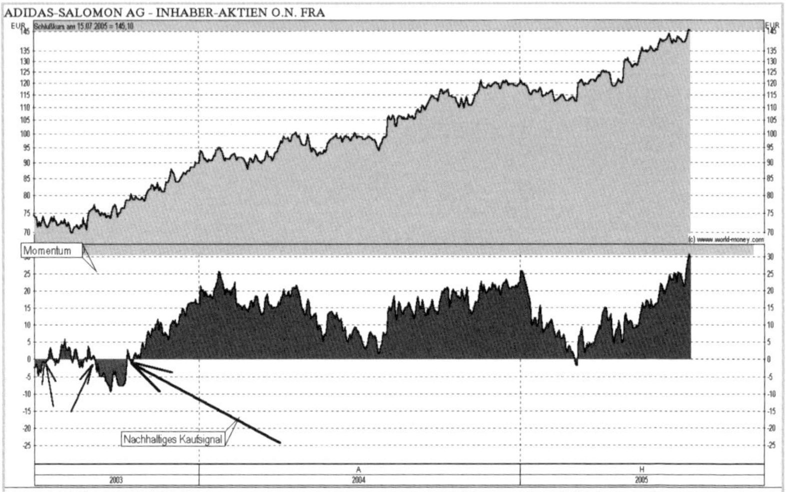

Abbildung 3.11: Adidas-Aktie mit Momentum-Indikator

Adidas-Aktie mit W%R-Indikator

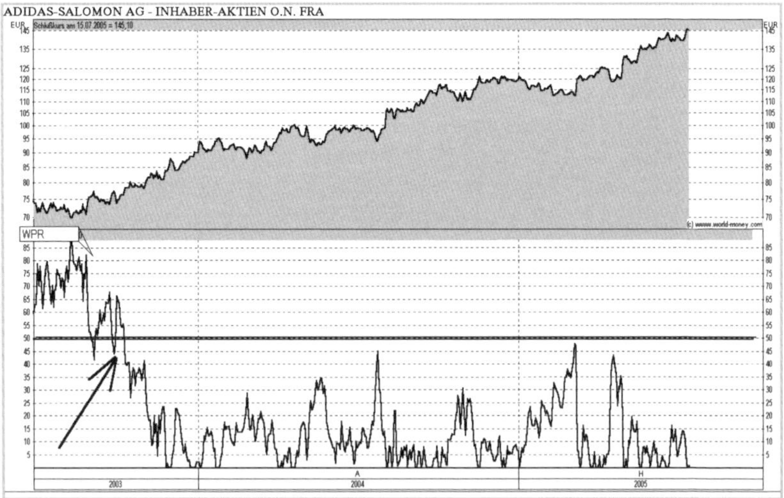

Abbildung 3.12: Adidas-Aktie mit W%R-Indikator

zu keiner Zeit zu einer Gefährdung des Trendverlaufs. Es ist eher wie ein Luftholen, um weiter steigen zu können. Alle Signale des RSI-Indikators nach dem Einstieg, stellten sich als klare Fehlsignale im Trendverlauf heraus. Ein alleiniges Befolgen dieser Signale würde die Performance erheblich verschlechtern.

Das erste Kaufsignal des Momentum-Indikators im Frühjahr 2003 war nicht von langer Dauer. Schon wenige Wochen später fiel der Indikator wieder in den negativen Bereich zurück. Das erste Kaufsignal hatte zu wenig Substanz. Der zweite Versuch war umso erfolgreicher. Im Sommer 2003 stieg der Indikator nachhaltig und kräftig in den positiven Bereich. Solange der Indikator im positiven Bereich bleibt, steigt auch der Kurs der Aktie kontinuierlich weiter *(Abbildung 3.11, links)*.

Gegenüber dem MACD und RSI-Indikator erzeugt der Momentum-Indikator wesentlich weniger Fehlsignale. Das bedeutet natürlich auch, dass der Momentum-Indikator in seiner Einstellung äußerst träge reagiert. Auf der anderen Seite bietet er aber die Chance langfristig einem Trend zu folgen.

Der trägste meiner vier Indikatoren ist zweifelsohne der W%R-Indikator *(Abbildung 3.12, links)*. Nachdem dieser Indikator im Sommer 2003 die 50% Marke von oben nach unten nachhaltig durchbrochen hat und somit ein Kaufsignal lieferte, wurde in diesem Darstellungszeitraum kein weiteres Signal generiert.

Solange dieser Indikator unter der 50%-Marke verweilt, ist das zu jeder Zeit ein Kaufsignal. Der Kurs der Adidas-Aktie steigt kontinuierlich weiter. Erst wenn der W%R-Indikator die 50%-Marke von unten nach oben durchbricht wird ein Verkaufssignal erzeugt und es ist möglicherweise mit einer Trendumkehr zu rechnen.

In dieser kurzfristigen Charteinstellung von zweieinhalb Jahren erzeugt der W%R-Indikator kein Fehlsignal. Das bedeutet aber nicht, dass dieser Indikator gegenüber den anderen, weniger Fehlsignale produziert.

Zugegeben, bei der Adidas-Aktie hat der W%R-Indikator einen außergewöhnlichen Verlauf. Dieses Verhalten lässt sich nicht auf alle Trendfolge-

Aktien übertragen. Eine alleinige Beachtung dieses Indikators zur Performanceverbesserung würde zu keinem anderen Ergebnis führen, wie bei der alleinigen Beachtung der vorangegangenen Indikatoren.

Prognosemodell

Ein einzelner Indikator liefert meist kein zuverlässiges Signal. Verlassen Sie sich nur auf einen Indikator allein, werden Sie keine hohe Trefferquote erzielen. Dieser erwiesene Fakt unterstreicht die Wichtigkeit, verschiedene Indikatoren in einem Prognosemodell zu vereinen. In diesem Prognosemodell werden die immer wiederkehrenden, unvermeidbaren Fehlsignale einzelner Indikatoren durch Signale anderer Indikatoren überprüft.

Ziel des Prognosemodells ist es, eine starke Signalaussage zu generieren und somit die Trefferquote zu erhöhen. Phasen, in denen die Mehrzahl der Indikatoren in dieselbe Richtung zeigen, bedeuten dann ein starkes Signal und Phasen einer gleichgewichtsnahen Indikatorenlage sprechen für eine neutrale Situation mit positivem Trend.

Nachdem ich feststellen musste, dass ein einzelner Indikator mir keine nachhaltige Aussage über den primären Verlauf einer Aktie liefern konnte, suchte ich nach einer Lösung, wiederkehrende Fehlsignale zu erkennen. Ich suchte also nach Indikatoren, die es mir ermöglichten, bestehende primäre Trendverläufe zu erkennen. Sehr schnell wurde mir klar, dass es nur mit einer Kombination verschiedener Indikatoren möglich war, die Treffergenauigkeit zu erhöhen.

Nach sehr vielen Versuchen, über einen langen Zeitraum, fand ich schließlich eine geeignete Kombination von Indikatoren. Diese Indikatoren fasste ich zu einem Bewertungsmodell zusammen, welches mir ermöglicht, bestehende primäre Trends zu erkennen, sowie einen kurzfristigen weiteren Verlauf zu prognostizieren. Weiterhin ermöglicht mir das Modell einen primären Trendbruch zu erkennen.

In meiner Diplomarbeit überprüfte ich diese neue Methodik anhand von Vergangenheitszahlen an über 400 Aktien auf ihre Effizienz. Meine Arbeit bestätigte meine Annahme: Es gibt ein Verfahren mit dem Sie einen überdurchschnittlichen Erfolg, mit leicht zu beschaffenden Daten, erzielen können. Die Trefferquote dieses Erfolgsmodells liegt bei 90%.

Parametereinstellung beim Trendfolgesystem

Je nachdem, wie die Parameter der **4** Indikatoren eingestellt werden, ist es möglich, ein schnell oder auch langsam reagierendes System vorzufinden. Je schneller das Trendfolgesystem, desto mehr Aufmerksamkeit und Aktivität ist vom Anleger erforderlich. Ein langsam eingestelltes System benötigt weniger Aufmerksamkeit, sowie eine geringere Handelsaktivität.

Eine optimale Einstellung des Trendfolgesystems ist somit immer von den gesetzten Prioritäten des Anlegers abhängig.

Es gibt eine Vielzahl von möglichen Parametereinstellungen. In dem vorangegangenen Kapitel habe ich Ihnen aus diesem Grunde keine spezielle Einstellung meines Systems gezeigt. Meine vorrangige Absicht ist es, Ihnen grundsätzlich mein System näher zu bringen.

Eine optimale Einstellung der Parameter ist erst sinnvoll nach einer klaren Zielbestimmung.

Wie meine optimale Zusammensetzung der Indikatoren mit ihren unterschiedlichen Laufvariablen aussieht, bleibt selbstverständlich mein kleines Geheimnis. Es stecken viele Jahre Arbeit in meinem Prognosemodell und auch in Zukunft wird es immer wieder Anpassungen an die sich ständig verändernden Rahmenbedingungen geben.

Auswertung der Trendsignale

Alle Indikatoren pendeln um einen Nullbereich. Befindet sich ein Indikator im positiven Bereich, werte ich dies positiv und umgekehrt. Aus der Summe der Einzelwertungen ergibt sich schließlich die Gesamtwertung:

- 3-4 Indikatoren positiv bedeutet: Es besteht ein stabiler Aufwärtstrend. Empfehlung: Kauf der Aktie. Ein Nachkauf ist ebenfalls zu jedem Zeitpunkt möglich.

- 2 Indikatoren positiv, 2 negativ heißt: In Kürze entscheidet sich die weitere Richtung der Aktie. Empfehlung: Halten, erstmal kein Nachkauf.

- 3-4 Indikatoren negativ bedeutet: Der Trend ist gebrochen. Jetzt geht es definitiv abwärts. Empfehlung: sofortiger Verkauf der Aktie.

Wichtiger Hinweis: Die üblichen Kaufsignale dieser Indikatoren spielen in meinem Handelssystem keine Rolle. Die Kaufsignale können auch im negativen Bereich erzeugt werden. Und trotzdem bleibt der Abwärtstrend intakt.

Adidas-Chart mit den Indikatoren MACD, MOM, RSI, W%R

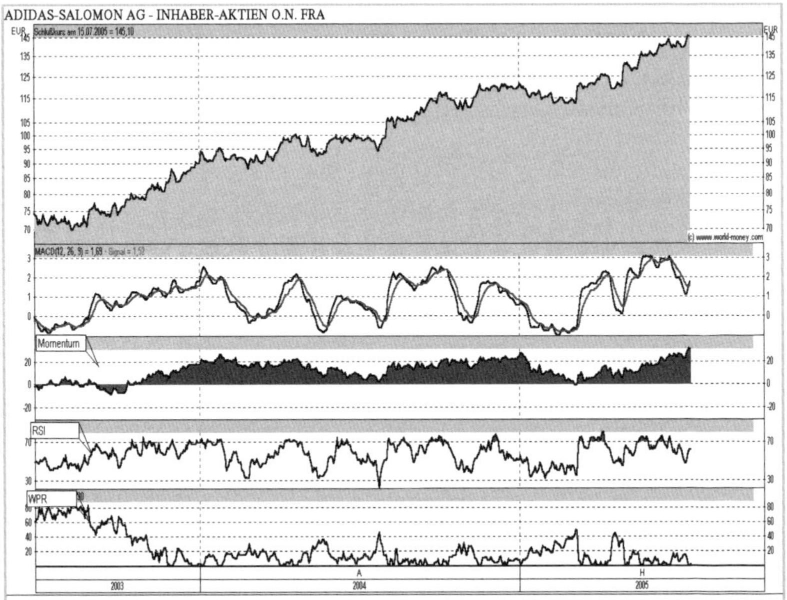

Abbildung 3.13: Adidas-Chart

Wie lese ich das Chartbild der Adidas-Aktie mit seinen 4 Indikatoren? *(Abbildung 3.13)*

Der obere Kurvenverlauf ist der Kursverlauf der Adidas-Aktie.
Darunter befinden sich in folgender Reihenfolge der:
MACD-Indikator
Momentum-Indikator
RSI-Indikator
W%R-Indikator
Mit dieser Betrachtungsweise lassen sich sehr schnell Entwicklungen und Tendenzen erkennen.

Unter Beachtung meines Bewertungsmodells ist die Adidas-Aktie seit 2003 ausschließlich ein Kauf. Im Sommer 2003 zeigen zum ersten Mal drei von vier Indikatoren ein klares Kaufsignal. Das ist der Moment zum Kauf. In der darauffolgenden Zeit finden sich bei einer wöchentlichen Beurteilung stets drei oder auch vier Indikatoren im positiven Bereich.

Mit dieser positiven Einstellung der Indikatoren steigt der Kurs der Adidas-Aktie kontinuierlich von Woche zu Woche. Es bildet sich ein fester Aufwärtstrend aus. In den folgenden Wochen und Monaten generieren immer wieder einzelne Indikatoren einige Verkaufssignale. In den vorangegangenen Charts haben wir diese Fehlsignale bereits erkennen können. Da diese Fehlsignale in ihrer Addierung nicht überwiegen, führen sie nicht zu Verkaufshandlungen.

Bei einer wöchentlichen Beurteilung lässt sich also anhand der Indikatoren feststellen, ob ein Trend intakt ist. Solange der Trend intakt ist, wird auch der Kurs der Aktie weiter steigen. Die Adidas-Aktie war somit seit dem Sommer 2003 jede Woche ein Kauf. Unzählige Chancen boten sich den Anlegern bis heute, sich an der Entwicklung der Adidas-Aktie zu beteiligen. Der Kurs der Aktie ist kontinuierlich gestiegen und somit jede Investition zu einer erfolgreichen Investition gemacht worden.

Mit diesem Indikatorenmodell lässt sich aber auf keinen Fall eine Prognose erstellen, welches mögliche Kursziel eine Aktie haben kann. Eine kurzfristige Prognose über den weiteren Trendverlauf lässt sich sehr wohl mit meiner Methode erstellen. Meine emperischen Untersuchungen haben ergeben, dass bei über 90% meiner Trendfolge-Aktien ein Trendbruch nicht so einfach über Nacht geschieht. Mein Indikatorenmodell zeigt mir den momentanen Zustand eines Trends und lässt zu, dass ich für die nächsten fünf bis sieben Tage eine Prognose über den Fortbestand des Trends stellen kann. Je nach Investitionsausrichtung und Anpassung der Indikatoren ist dieser Zeitraum variierbar.

Trendbrüche kündigen sich in der Regel an. Zu 90% geschieht so etwas, wie bereits gesagt, nicht über Nacht, sondern zieht sich über mehrere Wochen hin. Mit meinem Modell suche ich nach klaren, nachhaltigen Trendbrüchen, das bedeutet selbstverständlich, dass ich bei einer Aktie nie zu Höchstkursen aussteigen kann. Mit meinem Modell verfolge ich auch nicht diese Absicht.

Ziel meines Trendfolgemodells ist es, solange wie möglich in einem Trend investiert zu sein und diesen erst nach einem deutlichen Bruch des Aufwärtstrends zu verlassen.

Schlussfolgerung:

Nachgewiesenerweise verbessert sich ein Anlageergebnis erheblich unter Beachtung von technischen Indikatoren. Bei der Beachtung von nur einem Indikator zeigt sich, dass der Aufwand und die Kosten (Transaktionskosten) doch möglicherweise nicht den erzielten Erfolg rechtfertigen.
Der Aufwand ist um so erheblicher, je größer das Depot. Bei der Betreuung von zum Beispiel 30 Aktien ist der Aufwand nicht mehr tragbar. Die Betreuung wird zu einem Vollzeitjob.

Erst bei der Beachtung von mehreren Indikatoren, sowie ihrer Kombination, ist es möglich die Performance erheblich zu verbessern. Die überwiegende Mehrzahl von Fehlsignalen werden eliminiert. Eine langfristige Trendverfolgung mit geringem Aufwand ist somit möglich. Der Arbeitsaufwand beschränkt sich lediglich auf ein vorab bestimmtes Ziel.

simplified

4 Indikatorenanalyse in der wöchentlichen Praxis

Vorgehensweise

Trendfolgestrategien können nur erfolgreich sein, indem man konsequent und diszipliniert der Strategie folgt.
Bei einem vorab erklärten wöchentlichen Überprüfungsrhythmus werden alle Positionen, anhand der Indikatoren, auf eine Trendbestätigung überprüft.

Der Überprüfungsrhythmus ist, je nach individuellem Anlageverhalten, variierbar. Dieser festgelegte Rhythmus sollte über einen längeren Zeitraum beibehalten werden und darf keinesfalls ständig gewechselt werden.

Trendfolgestrategien sind keine Modeerscheinung, sie bieten einem die Chance ein Leben lang an den Börsen erfolgreich zu investieren.

Wie so ein Trendfolge-Investment über viele Jahre aussehen und funktionieren kann, zeige ich Ihnen an zwei konkreten Beispielen.

Die Aktien von SolarWorld und Apple befinden sich bereits seit vielen Jahren in meinen betreuten Portfolios.

Einmal in der Woche, immer zur gleichen Zeit, überprüfe ich meine Trendfolge-Aktien mit meinen Indikatoren. Vollkommen emotionslos reagiere ich auf das Ergebnis der Auswertung meiner Indikatoren. Wird ein Verkauf anhand der Indikatoren signalisiert, verkaufe ich konsequent den Wert. Diese Aktie fliegt aus dem Depot und wechselt in ein Beobachtungsportfolio, indem der weitere Verlauf wöchentlich beobachtet wird.

SolarWorld von Anfang 2001 bis Juni 2001

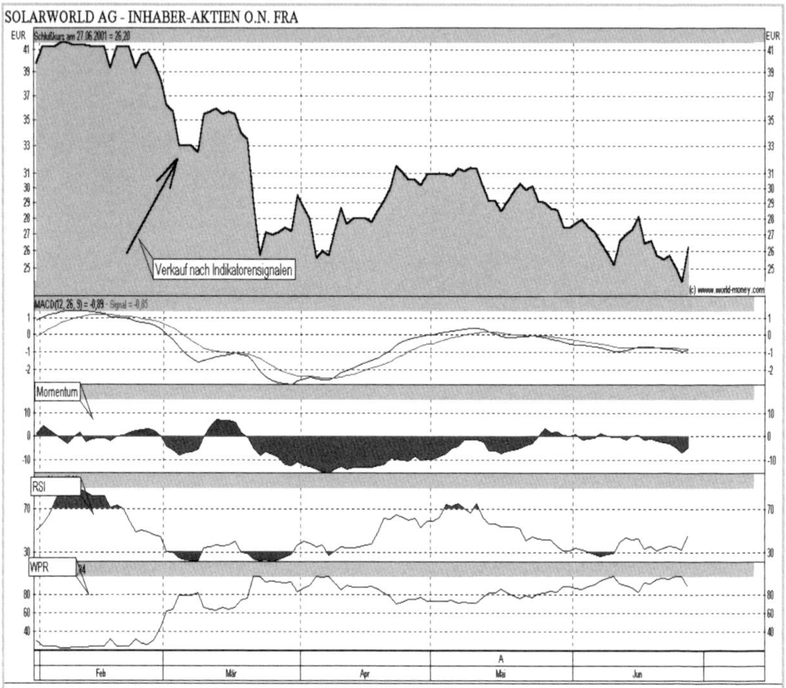

Abbildung 4.1: SolarWorld 2001

Kommt es durch meine Indikatoren wieder zu einem Kaufsignal, wird die Aktie konsequent gekauft.

Schauen wir uns diese Vorgehensweise mit den Chartbildern der beiden Aktien von SolarWorld und Apple aus den letzten Jahren einmal an.

Beispiel SolarWorld

Liquidation der Position von SolarWorld März 2001

Anfang März 2001 unterschreitet der MACD-Indikator die Nulllinie und fällt weiter ab. Der Momentum-Indikator geht Anfang März ebenfalls in den negativen Bereich, erholt sich aber kurzfristig wieder, um dann letztendlich doch deutlich in den negativen Bereich abzusinken. Der RSI-Indikator signalisierte bereits Ende Februar Schwäche und tauchte unter der 50%-Marke ab. In der ersten Märzwoche hält es auch den W%R-Indikator nicht mehr unter der so wichtigen 50%-Marke. Der Trendbruch ist unausweichlich. Anfang März generieren alle 4 Indikatoren ein negatives Signal. Der Aufwärtstrend ist gebrochen, ein sofortiger Verkauf steht an *(Abbildung 4.1, links)*.

Kommentar

Anleger 1

Angenommen, ein Anleger hat die Aktie zum Höchstkurs im März 2001 bei 41,25 € gekauft. Nach meinem Trendfolgesystem hätte der Anleger die SolarWorld-Aktie Anfang März für 35,50 € verkauft. Sein Verlust bei diesem Invest liegt bei 14%.

Anleger 2

Angenommen, der Anleger kaufte die Aktie bereits Ende 1999 zu einem Kurs von 5,50 €. Beim Ausstieg Anfang März 2001 zu 35,50 € erzielte der Anleger somit einen Gewinn von 645%.

SolarWorld von Anfang 2001 bis Mitte 2003

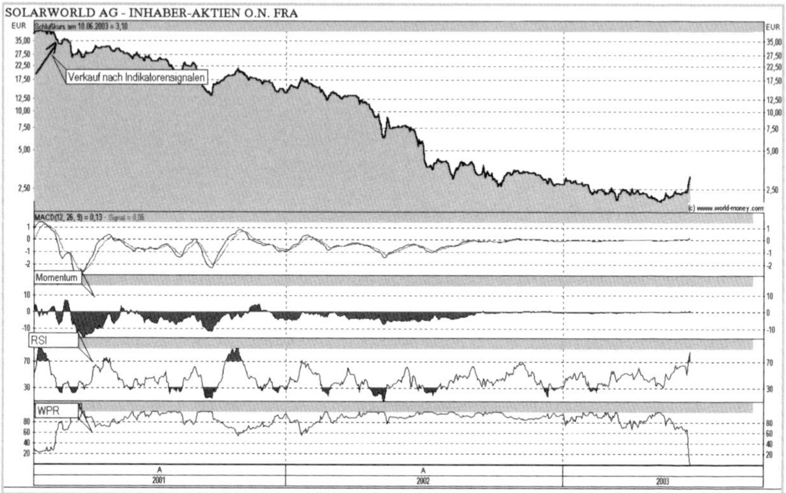

Abbildung 4.2: SolarWorld 2001–2003

SolarWorld von April 2003 bis September 2003

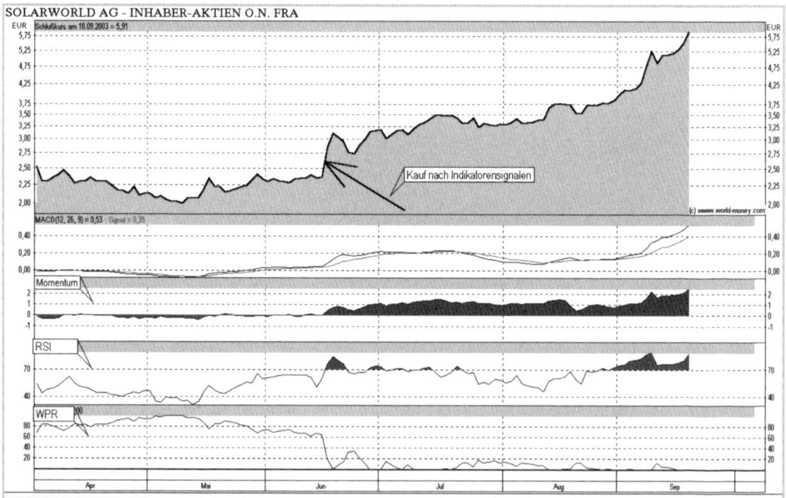

Abbildung 4.3: SolarWorld 2003

Wie entwickelte sich die SolarWorld-Aktie nach dem Ausstieg weiter?

Kommentar

Nach dem Verkauf der SolarWorld-Aktie im März 2001 folgte ein zweieinhalbjähriger Abwärtstrend. Die Aktie ging in der Höhe von 41,25 € auf ein Tief von 2 € zurück. Das ist ein Kursverfall von unglaublichen 95,2%. Zur Erinnerung: Meine Indikatoren signalisierten bereits Anfang März 2001 den Verkauf der Aktie. Betrachten wir einmal die vier Indikatoren in der Zeit von 2001 bis Mitte 2003, so erkennen wir folgendes. Der MACD-Indikator hält sich hauptsächlich im negativen Bereich auf, also unter der Null-Marke. Ebenfalls deutlich im negativen Bereich, über die ganzen zweieinhalb Jahre, liegt der Momentum-Indikator. Der RSI-Indikator generiert zwar ein paar Fehlsignale, liegt aber auch sonst mehrheitlich unter der 50%-Marke. Besonders deutlich in diesem Fall zeigt uns der W%R-Indikator, dass die SolarWorld-Aktie einen klaren Abwärtstrend eingeschlagen hat. Der Indikator verweilt bis Mitte 2003 deutlich über der 50%-Marke.

In der Zeit von 2001 bis Mitte 2003 waren kontinuierlich drei aber meistens vier Indikatoren negativ, was eindeutig einen negativen Trend belegt. Der Chartverlauf der SolarWorld-Aktie bestätigt beeindruckend die Indikatorensignale *(Abbildung 4.2, links)*.

Begründung für den Kauf der SolarWorld-Aktie im Juni 2003

Bereits Anfang Juni 2003 überschreitet der MACD-Indikator die Nulllinie und setzt sich im positiven Bereich fest. Der weitere Verlauf bis September ist eindeutig positiv. Ebenfalls Anfang Juni überschreitet der RSI-Indikator die 50%-Marke und etabliert sich in dieser Zone. Mitte Juni ist es soweit: Der Momentum-Indikator geht nachhaltig in den positven Bereich und nimmt stetig an Stärke zu. Zur gleichen Zeit dreht der W%R-Indikator unter die 50%-Marke und bleibt dort. Mitte Juni geben alle vier Indikatoren ein positives Signal, was bedeutet, dass der zweieinhalbjährige Abwärtstrend gebrochen ist und die Aktie einen neuen Trend ausbildet. Der Aufwärtstrend der SolarWorld-Aktie beginnt Mitte Juni 2003. Die Aktie wird zu 2,75 € gekauft. Woche für Woche bestätigen meine 4 Indikatoren ihre positive Tendenz. Der Kurs der SolarWorld-Aktie steigt kontinuierlich weiter *(Abbildung 4.3, links)*.

SolarWorld von 2003 bis Mai 2005

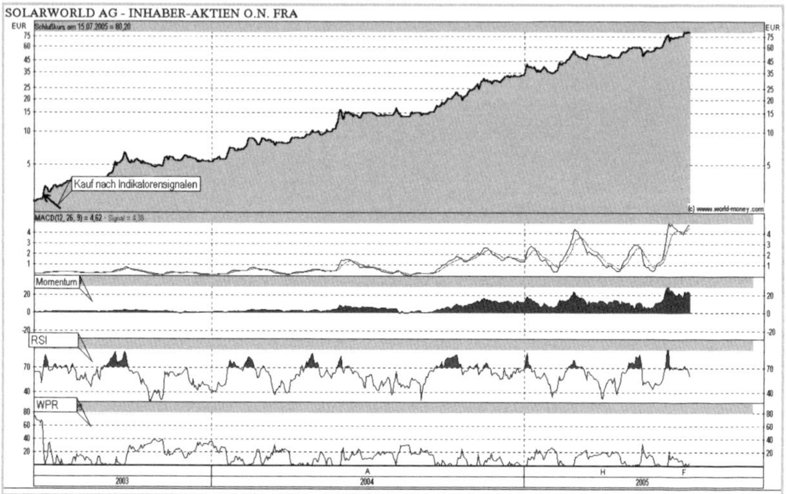

Abbildung 4.4: SolarWorld 2003 – 2005

SolarWorld von Anfang 2001 bis Mai 2005 mit drei Trends

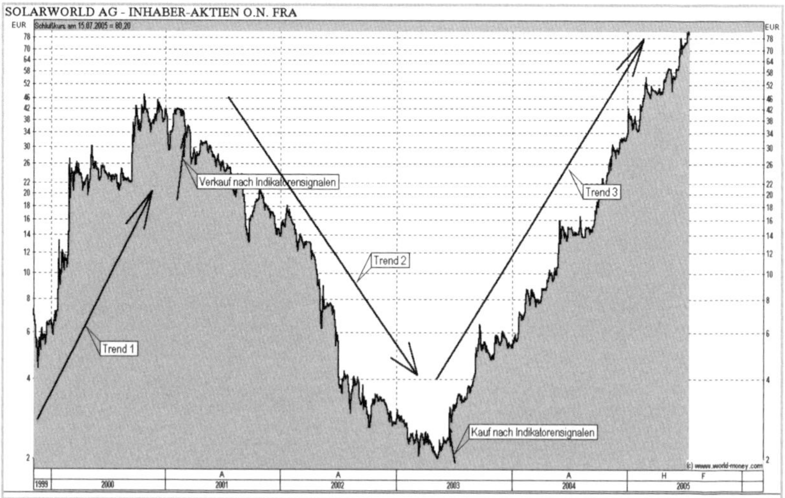

Abbildung 4.5: SolarWorld 2001 – 2005

Kommentar

Nach dem Kauf der SolarWorld-Aktie im Juni 2003 zu 2,75 € stieg die Aktie kontinuierlich auf 80 € im Mai 2005. Der Kursgewinn liegt bei 2900%. Schauen wir die Indikatoren an, sehen wir, dass alle 4 Indikatoren durchweg positive Signale lieferten. Der RSI-Indikator produzierte zwar ein paar Fehlsignale, die wurden aber regelmäßig von den anderen Indikatoren kompensiert *(Abbildung 4.4, links)*.

Bei einer wöchentlichen Betrachtung des Chartverlaufs, empfahlen mir meine Indikatoren jede Woche diese Aktie zum Kauf. Das bedeutet, wenn ich Anfang Juni 2003 nicht gekauft habe, so hatte ich doch jede weitere Woche die Möglichkeit in die Aktie einzusteigen. Ein Kauf ist so lange empfehlenswert, wie die Indikatoren einen Aufwärtstrend bestätigen.

Kommentar

Bei einer konsequenten, kompromisslosen Anwendung meiner Trendfolgestrategie kann der Anleger seine Verluste in Grenzen halten und die Gewinne maximieren *(Abbildung 4.5, links)*.

Klare Verkauf- und Kauf-Signale

Anleger 1 hat mit seinem ersten Kauf einen Verlust von 14% erzielt. Einen wesentlich erheblicheren Verlust hat der Anleger mit meinem Indikatoren-Modell aber verhindern können (Trend 2). Mit dem zweiten Kauf (Trend 3) sieht es schon wesentlich besser für den Anleger aus. Hier liegt der Anleger mit kräftigen 2900% im Plus.

Anleger 2 hat bereits beim ersten Kauf (Trend 1) ein gutes Geschäft gemacht. Satte 645% Gewinn konnte der Anleger bis zum deutlichen Trendbruch (Trend 2) verzeichnen. Mit dem zweiten Kauf (Trend 3) liegt Anleger 2 ebenfalls bei einem Plus von 2900%.

Beide Anleger haben mit der Trendfolgestrategie gewonnen. Zum einen wurden die Verluste minimiert und zum anderen die Gewinne weiterlaufen lassen.

Apple-Aktie von Oktober 1997 bis September 1998

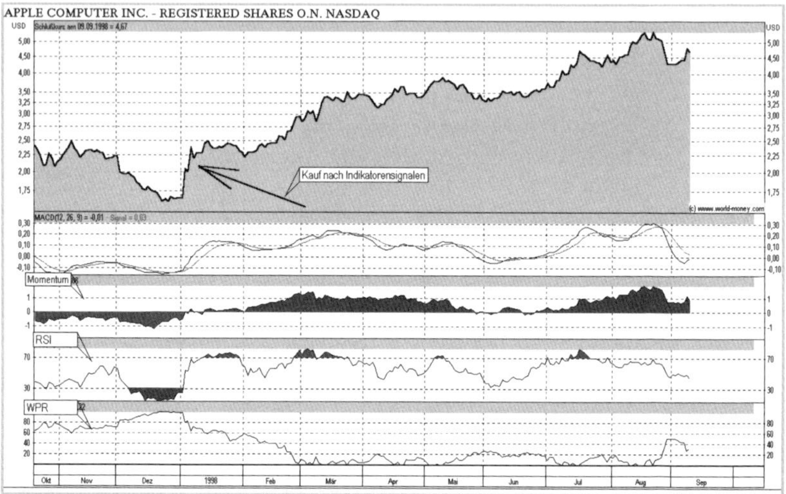

Abbildung 4.6: Apple-Aktie 1997 – 1998

Entwicklung der Apple-Aktie von 1998 bis 2000

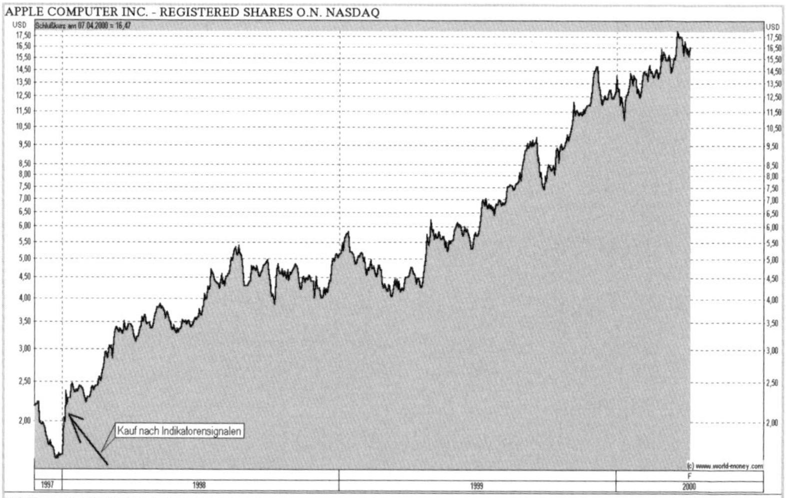

Abbildung 4.7: Apple-Aktie 1998 – 2000

Der Chartverlauf der SolarWorld-Aktie ist nicht ungewöhnlich. Dieses Muster ist bei recht vielen Aktien zu finden. Insbesondere findet sich dieses Verhalten bei vielen neuen, innovativen, zukunftsorientierten Aktien wieder.

Ein weiteres interessantes Verlaufsmuster sehen wir z.B. bei der Apple-Aktie.

Beispiel Apple-Aktie

Kauf der Apple-Aktie im Januar 1998

Nachdem sich die Apple-Aktie im Jahre 1997 über längere Zeit nicht zum Kauf anbot, bot sich im Januar 1998 eine gute Möglichkeit zum Kauf *(Abbildung 4.6, links).*

Innerhalb von 14 Tagen signalisierten der MACD-Indikator, der Momentum-Indikator und der RSI-Indikator deutliche Kaufsignale. Die Indikatoren verließen den negativen Bereich und wechselten nachhaltig in den positiven Bereich über. Einzig der W%R-Indikator gab noch kein Kaufsignal. Drei Indikatoren positiv bedeutete ein klarer Kauf. Die Aktie wurde in der zweiten Januarwoche 1998 gekauft. Ende der dritten Januarwoche signalisierte auch der W%R-Indikator ein Kaufsignal. Der Indikator ging zügig unter die 50%-Marke und blieb dort. Nun waren alle vier Indikatoren im grünen Bereich und das sollte für eine lange Zeit so bleiben. Der Kurs der Apple-Aktie stieg stetig an und Woche für Woche bestand die Möglichkeit, sich an diesem Trendverlauf zu beteiligen.

Der Aufwärtstrendverlauf der Apple-Aktie war bis zum Mai 2000 ungebrochen und bot den Anlegern unzählige Chancen zum Einstieg. In diesen zweieinhalb Jahren befanden sich immer drei oder vier Indikatoren im positiven Bereich. Mittlerweile hat die Aktie im Trendverlauf bereits über 800% Kursgewinn *(Abbildung 4.7, links).*

Verkauf der Apple-Aktie im Mai 2000

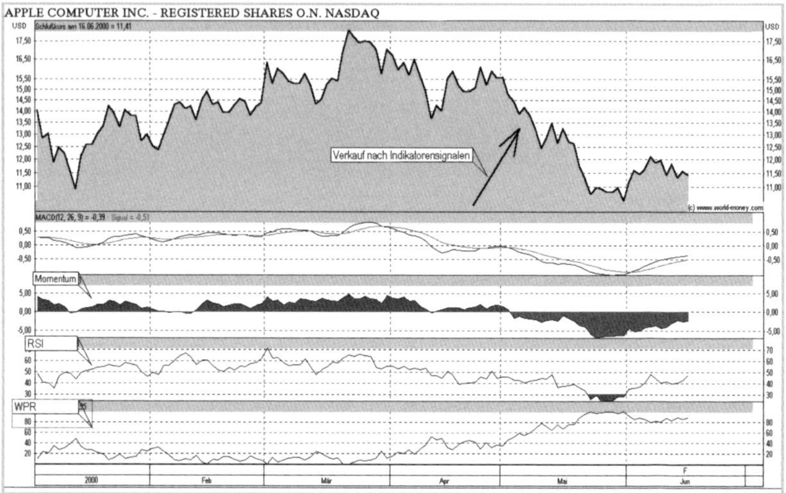

Abbildung 4.8: Apple-Aktie 2000

Apple-Aktie von 2000 bis 2003

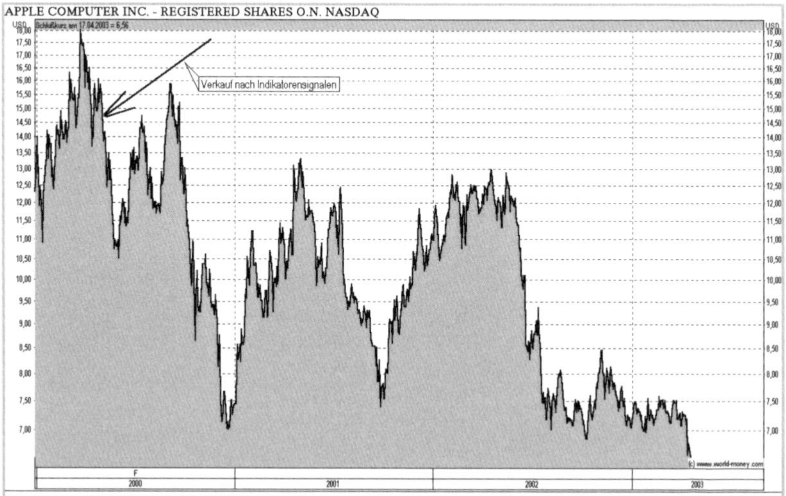

Abbildung 4.9: Apple-Aktie 2000–2003

Anfang Mai 2000 verabschiedeten sich alle vier Indikatoren innerhalb einer Woche aus dem positiven Bereich *(Abbildung 4.8, links)*. Sie gingen in den negativen Bereich und verweilten dort. Deutlicher konnte kein Verkaufssignal sein. Anfang der zweiten Maiwoche wurde die Apple-Aktie mit einem Gewinn von 700% verkauft. Die Nachhaltigkeit dieses Verkaufsgrunds lässt sich an den Indikatoren recht gut erkennen. Der MACD-Indikator fällt Anfang Mai unter die wichtige Nulllinie und schafft sie nicht wieder zurückzuerobern. Der Momentum-Indikator kann ebenfalls das negative Terrain seit Anfang Mai nicht mehr verlassen.

Nur der RSI-Indikator schafft es im Juni wieder ein Kaufsignal zu erzeugen, nachdem er auch im Mai in den negativen Bereich abgetaucht war. Der W%R-Indikator schaffte es auch nicht mehr ein Kaufsignal zu erzeugen, nachdem er als letzter Anfang der zweiten Maiwoche in den negativen Bereich abgetaucht war.

Drei bis vier negative Indikatoren, das ist ein überzeugendes Argument für einen deutlichen und nachhaltigen Trendbruch.

Beispiel einer Verlustbegrenzung durch meine Trendfolgeindikatoren:

Angenommen ein Anleger X hat im März 2000 die Apple-Aktie zum Höchstkurs mit 17,50 $ gekauft. Nach dem Indikatorenmodell ist der Anleger im Mai zu einem Kurs von 13,50 $ mit einem Verlust von 22% ausgestiegen. Das ist akzeptabel. Konsequentes Handeln nach einem Konzept schützt vor weiterem Ungemach. In *Abbildung 4.9, links* können wir sehen, wie sich die Apple-Aktie nach dem Verkauf weiterentwickelt hat.

Nach dem Verkauf der Aktie, im Mai 2000, fiel die Aktie unter starken Schwankungen, bis zum Mai 2003, auf unter 7 $. Während dieses Verlaufs kam es bei den Indikatoren zu keinem klaren Kaufsignal. Der übergeordnete Abwärtstrend beherrschte den Verlauf der Aktie in diesen drei Jahren.

Für Anleger X war der konsequente Verkauf der Aktie im Mai 2000 mit einem Verlust von 22% der richtige Entschluss. Ein Halten der Aktie hätte einen wesentlich höheren Verlust zur Folge gehabt. Außerdem stand das

Kauf der Apple-Aktie im Mai 2003

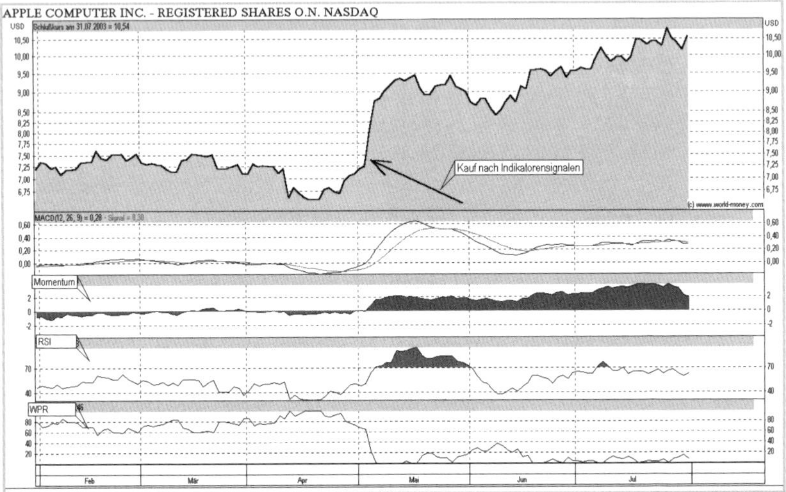

Abbildung 4.10: Apple-Aktie 2003

Entwicklung der Apple-Aktie von 2003 bis Juni 2005

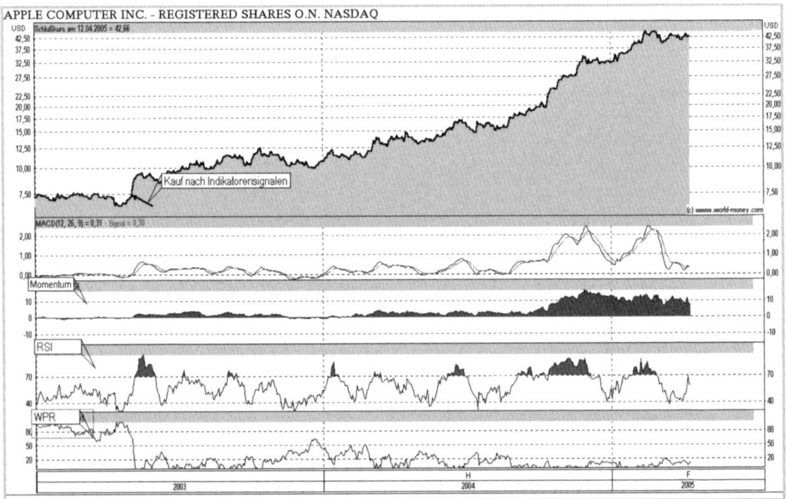

Abbildung 4.11: Apple-Aktie 2003 –2005

freigewordene Kapital für ein neues Invest in Trendfolge-Aktien zur Verfügung. In der Zeit von Mai 2000 bis Mai 2003 konnte mit der Apple-Aktie kein Geld verdient werden.

Im Mai 2003 ergab sich für die Apple-Aktie eine neue Chance *(Abbildung 4.10, links)*. Bereits Ende April, Anfang Mai verließen der MACD-Indikator und Momentum-Indikator das negative Terrain und generierten Kaufsignale. Die MACD-Linie schnitt die Nulllinie von unten nach oben in den positiven Bereich und setzte sich dort fest. Die Momentum-Linie durchbrach ebenfalls die Nulllinie von unten nach oben in den positiven Bereich und setzte sich eindrucksvoll in diesem Bereich fest.

In der ersten Maiwoche folgte dann der RSI-Indikator mit einem Kaufsignal. Der Indikator verließ den negativen Bereich indem er die 50%-Marke von unten nach oben durchbrach. Das war der Moment an dem die Aktie von Apple ein zweites mal zu 8 $ gekauft wurde. Nur ein paar Tage später ging auch der W%R-Indikator in den positiven Bereich über. Die Indikatoren-Linie schnitt zügig die 50%-Marke von oben nach unten und setzte sich im positiven Bereich fest.

Der Kurs der Apple-Aktie zog nun stark an. In der Folgezeit verweilten die Indikatoren ausgeprägt im positiven Bereich. Ein neuer Aufwärtstrend war geboren. Woche für Woche bot sich den Anlegern wieder die Möglichkeit, sich an dem Trend der Apple-Aktie zu beteiligen.

Nach dem Kauf der Apple-Aktie im Mai 2003 begann ein neuer Aufwärtstrend, der bis Mitte 2005 ungebrochen besteht. In diesen zweieinhalb Jahren hat die Aktie bereits mehr als 500% zugelegt. Unzählige Möglichkeiten boten sich den Anlegern sich an diesem Trendverlauf zu beteiligen. Ganz besonders deutlich wird es, dass man sich zu jeder Zeit an einem Trendverlauf beteiligen kann *(Abbildung 4.11, links)*.

Es ist nie zu spät.

Schauen wir uns in diesem Chartbild den MACD-Indikator etwas genauer an, sehen wir, dass der Indikator in dieser Zeit von der Nulllinie soweit entfernt war, dass ein Unterschreiten unmöglich war. Ebenfalls unterschritt der Momentum-Indikator kein einziges Mal die Nulllinie in den negativen Bereich.

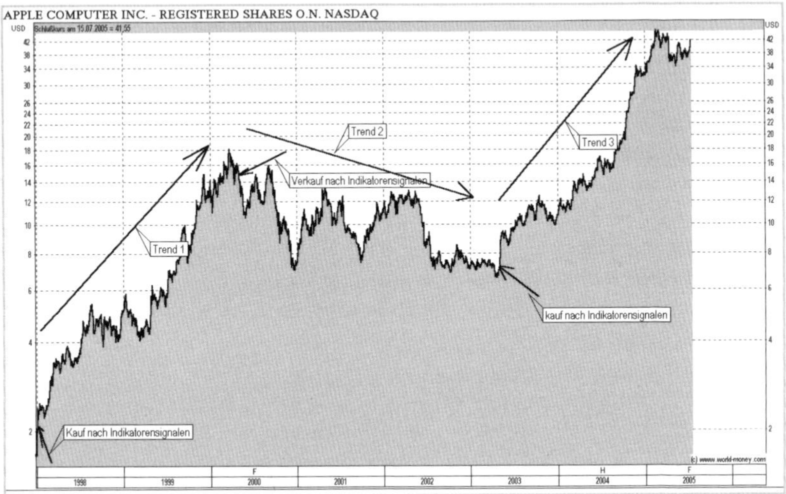

Abbildung 4.12: Apple-Aktie, Zusammenfassung

Der W%R-Indikator erzeugt ein einziges Mal im Dezember 2003 ein Fehlsignal, indem er die 50%-Marke von unten nach oben durchbrach und somit ein Verkaufssignal generierte. Ein paar Tage später korrigierte der Indikator und gab erneut ein Kaufsignal, indem er die 50%-Marke von oben nach unten durchbrach. Seitdem verweilt der Indikator in diesem Bereich. Ausschließlich der RSI-Indikator erzeugte in den zweieinhalb Jahren ein gutes Dutzend Verkaufs- und Kaufsignale. Da die Mehrzahl der Indikatoren aber immer im positiven Bereich verweilte, war der Trend der Aktie ungefährdet.

Zusammenfassung:

Der Verlauf der Apple-Aktie ist ein wunderbares Beispiel dafür, dass Trends sich wiederholen können *(Abbildung 4.12, links)*.

Unternehmen, die sich ständig den Herausforderungen stellen, die die Innovation und Erneuerung suchen und dies als Story kommunizieren, können auf Dauer an den Märkten überleben und werden immer wieder neue Trends setzen.

Die Apple-Aktie ist kein Einzelfall. Es finden sich recht viele Aktien mit dem gleichen Muster, in allen Branchen und aus allen Ländern. Eine ständige Suche nach neuen Aktien, mit der Chance auf schnelle Gewinne, ist nicht zwingend notwendig. Mit einer kleinen Anzahl, zwischen 30 und 50 Werten, ist es durchaus möglich, ein Leben lang an den Börsen mit Trends zu leben und sein Kapital zu vermehren.

Wie wir alle gut wissen, haben sehr viele Anleger in den letzten Jahren eine Menge Kapital an den Märkten verloren. Aber auch in den so genannten Boomzeiten haben nur wenige Anleger wirklich Geld verdient. Da die überwiegende Mehrheit der Anleger konzeptlos investiert, ist auch kein anderes Ergebnis zu erwarten.

Wie verhält sich ein Trendfolgeanleger?

Ein Trendfolgeanleger lässt einen Trend laufen. Er arbeitet ohne prozentuale Zielvorgaben, z.B. verkauft er nicht nach 100% Zugewinn um erst einmal einen Gewinn zu sichern.

Ebenso hat ein Trendfolgeanleger nie das Gefühl, der Wert sei bereits zu gut gelaufen oder angeblich zu teuer. Ein Trendfolgeanleger folgt dem Trend, solange wie er besteht, ohne Wenn und Aber. Ebenso arbeitet ein Trendfolgeanleger nicht mit Stopps.

Sobald ein Trendfolgeanleger einen Trend identifiziert, steigt er in diesen Wert ein und folgt dem Trend, wie zum Beispiel im »Trend 1« bei der Apple-Aktie. Ist der Anleger recht früh dabei, was man im Vorwege selbstverständlich nie genau wissen kann, kommt er bei einem Trendbruch in der Regel mit einem anständigen Zugewinn aus dem Wert heraus.

Sollte ein Anleger seine Investition bereits am Ende eines Trendverlaufs getätigt haben, was natürlich vorher keiner erkennen kann, so kommt der Anleger bei einem Trendbruch mit recht geringen Verlusten davon. Dieses Kapital kann der Anleger nun in einen neuen Trendfolger investieren.

Bei einer weiteren Beobachtung der Apple-Aktie »Trend 2« wird die konsequente Handlungsweise gerechtfertigt. Es folgt ein mehrjähriger Rückgang der Aktie, indem das Kapital am Ende kräftig an Wert verloren hätte. Nutzt der Anleger die zweite Chance im Mai 2003 und beteiligt sich recht früh an dem neuen Aufwärtstrend »Trend 3« der Apple-Aktie, dürfte der Anleger X seinen kleinen Verlust aus dem Jahre 2000 bereits vergessen haben.

Irgendwann in der Zukunft wird der aktuelle Aufwärtstrend »Trend 3« der Apple-Aktie brechen und Anleger X wird konsequent aus dem Wert aussteigen. Der Anleger wird nicht zum Höchstkurs aus der Aktie aussteigen. Ebenso wenig ist der Investor zum günstigsten Zeitpunkt in die Aktie eingestiegen.

Das ist auch nicht das Bestreben eines Trendfolgeanlegers. Ein Trendfolgeanleger möchte sich lediglich aus einem langfristigen Trendverlauf ein großes Stück des Weges herausschneiden.

simplified

5 Aussichtsreiche Perspektiven mit Trendfolge Aktien

Jeder erfolgreiche Anleger weiß, wie wichtig eine Strategie ist. Für einen nachhaltigen Erfolg benötigt man eine gute Strategie, mit klaren festen Regeln. Meine Trendfolgestrategie eignet sich für alle, die unkompliziert an den Börsen investieren möchten, denn zu jeder Zeit sind attraktive Trends an den Börsen zu finden.

Es sind wieder 4 Faktoren, die meiner Meinung nach über Gewinn oder Verlust an der Börse entscheiden:

1. Analysiere einen Trend, erkenne ihn und investiere in ihn
2. Folge dem Trend solange, bis er bricht
3. Investiere nun in einen neuen Trendfolger
4. Sei diszipliniert und wechsle nicht ständig deine Anlagestrategie

Sie müssen nicht jeden Trend im Leben mitnehmen aber nehmen Sie die Chance wahr, ein Leben lang kontinuierlich Ihr Kapital mit Trendfolge-Aktien zu vermehren. Mit Trendfolge-Aktien lösen Sie sich vollkommen von den alltäglichen Börsenturbulenzen. Sie müssen nicht jede Nachricht auf n-tv mitbekommen oder den Reuters-Ticker ständig im Blick haben.

Bei Trendfolgern reicht eine wöchentliche – ja sogar eine monatliche Betrachtungsweise. Ich weiß, das können Sie sich jetzt kaum vorstellen. Aber das beweise ich meinen Lesern Woche für Woche. Mit beeindruckenden Ergebnissen und überhaupt keinem Stress. Investieren Sie in Trendfolger und Sie werden zu einem entspannten langfristigen Privatanleger, der auch wieder Zeit für seine Hobbys hat. Viel Zeit.

Kein hektisches Agieren bestimmt mehr Ihren Börsenalltag. Trendfolge-Aktien benötigen keine tägliche Betreuung, denn in der Regel brechen Trends nicht über Nacht, das ist ein nicht zu unterschätzender Vorteil. Mit

Trendfolge-Aktien meistern Sie jede Börsensituation. Denn diese Trendfolger gibt es in jeder Börsensituation.

In den vorangegangenen Kapiteln haben Sie die Grundkenntnisse eines Handelssystems kennen gelernt. Mein vorrangiges Ziel ist es, Ihnen ein Gefühl dafür zu geben, wie technische Betrachtungsweisen erfolgreich angewandt werden können. Das Studium dieses Handelssystems sollte dem Leser eine Idee vermitteln, welche Möglichkeiten Trendfolgesysteme bieten.

Kontinuierlicher Erfolg mit Trendfolge-Depot

Nach der Identifikation einer Trendfolge-Aktie fängt die Arbeit erst richtig an. Mit nur einer Trendfolge-Aktie lässt sich kein dauerhafter Erfolg garantieren.

Das Risiko, mit nur einer Trendfolge-Aktie bereits das Ende eines Trends erwischt zu haben, ist relativ hoch. In diesem Fall wird die Investition auf jeden Fall mit einem Minus abgeschlossen. Eine Trendfolgeanalyse ist immer nur eine Momentaufnahme. Sie zeigt mir den momentanen Zustand des Trends und lässt je nach Einstellung und Charakteristik des historischen Verlaufs eine weitere mögliche Entwicklung der nächsten fünf bis zehn Tage zu.
Somit ist unzweifelhaft der Start in eine Trendfolge-Aktie der schwierigste Moment.

Dieses Risiko lässt sich mit dem Aufbau eines Trendfolge-Depots minimieren. Die Wahrscheinlichkeit eines dauerhaften Erfolges ist um so höher, je mehr Trendfolge-Aktien in Ihrem Depot liegen. Beachten Sie dabei auch noch eine breite Streuung aus verschiedenen Branchen, dies ist unweigerlich für einen dauerhaften Erfolg erforderlich.

In den vorangegangenen Kapiteln haben Sie bereits erfahren, dass es Trendfolge-Aktien zu jeder Zeit, in allen Ländern und allen Branchen zu finden gibt.

Da diese Aktien alle eine individuelle Story haben, ist es auch unwahrscheinlich, dass sie alle zum gleichen Moment ihren Trend verlassen. Ich habe so etwas in den letzten 20 Jahren nicht erlebt und auch meine Recherchen in der Zeit zuvor, fanden keinen Hinweis darauf, dass Trendfolge-Aktien aus verschiedenen Ländern oder Branchen einen gemeinsamen, zeitgleichen Anlass zum Trendbruch aufweisen.

Wie kann so ein Aufbau eines Trendfolge-Depots aussehen?

Zum nachhaltigen Erfolg werden immer ein paar Regeln, und im Besonderen, Disziplin benötigt.

Beispiel eines hochprofitablen Trendfolge-Depots:

Nachdem ich Ihnen im Detail erklärt habe, wie ich bei der Analyse von Trendfolgern vorgehe, möchte ich, dass Sie noch einen Blick auf das »große Ganze« werfen.

Das ganz Besondere meiner Trendfolgestrategie ist, dass es feste Regeln für Anlageentscheidungen gibt. So wird der Anleger nicht Opfer seiner Emotionen.

Dieses sind meine Regeln:

1. Halte eine überschaubare Größe von je zehn Aktien im Depot. Das reicht, um das Risiko zu streuen und kontinuierlich Profite einzufahren.

2. Erkenne den Trend, lebe den Trend und kaufe den Trend.
Es wird ausschließlich in stabile Trends investiert und auf eine ausgewogene Diversifikation des Depots geachtet. Durch Vielfalt wird das Verlustrisiko auf ein Minimum reduziert.

3. Die Aktien werden grundsätzlich nur einmal pro Woche beurteilt. Die tagtägliche Informationsflut an den Kapitalmärkten trübt somit nicht den Blick fürs Wesentliche.

4. Diese Depots sind nicht an einer Benchmark orientiert oder vergleichbar mit einem Index. Die Zusammenstellung besteht aus reinem Stockpicking und nach klaren Vorgaben (Regel 1 u. 2). Ihre Bewertung ist der absolute Ertrag.

So sieht ein Trendfolge-Depot nach diesen Kriterien in der Praxis aus.

Entwicklung meines Standard-Trendfolge-Depots vom 25.01.2005 bis 15.07.2005.

Absolute Angaben in Euro
Datum: 17.07.2005

WKN6	Name, kurz	EB-Datum	EB, ges.	EB/Stk.	Kurs	Wert, ges.	Gew., abs.	Gew. [%]	Stück
510840	SOLARWORLD	25.01.05	973,70	37,45	80,20	2.085,20	1.111,50	111,99	26
887832	CEZ AS - I	25.01.05	969,00	11,40	16,70	1.419,50	450,50	45,00	85
620200	SALZGITTER	25.01.05	1.098,50	16,90	24,70	1.605,50	507,00	44,84	65
578563	FRESENIUS	25.01.05	919,80	76,65	103,30	1.239,00	319,20	33,26	12
500340	ADIDAS-SAL	25.01.05	1.052,73	116,97	145,10	1.305,90	253,17	22,89	9
585800	CELESIO AG	25.01.05	948,60	55,80	67,00	1.139,00	190,40	18,83	17
853986	HALLIBURTO	25.01.05	984,00	32,80	38,80	1.164,00	180,00	17,11	30
543900	CONTINENTA	25.01.05	1.039,00	51,95	61,20	1.224,00	185,00	16,69	20
524553	HUGO BOSS	25.01.05	1.000,80	25,02	28,27	1.130,80	130,00	11,88	40
559103	DYCKERHOFF	25.01.05	974,70	25,65	22,05	837,90	-136,80	-14,90	38
Gesamt			**9.960,83**			**13.150,80**	**3.189,97**	**30,72**	

Dieses Depot habe ich für meine Leser des Börsendienstes »Proffes-Trendfolge-Depot« am 25.01.05 aufgelegt. Das real existierende Depot wurde mit 10 000 € Startkapital bestückt. Auf eine ausgewogene Streuung wurde bei der Auswahl besonderer Wert gelegt. Das Branchendiagramm des Trendfolge-Depots untermalt, was ich mit breiter Streuung meine.

Branchendiagramm Standard-Depot Stand 17.07.2005

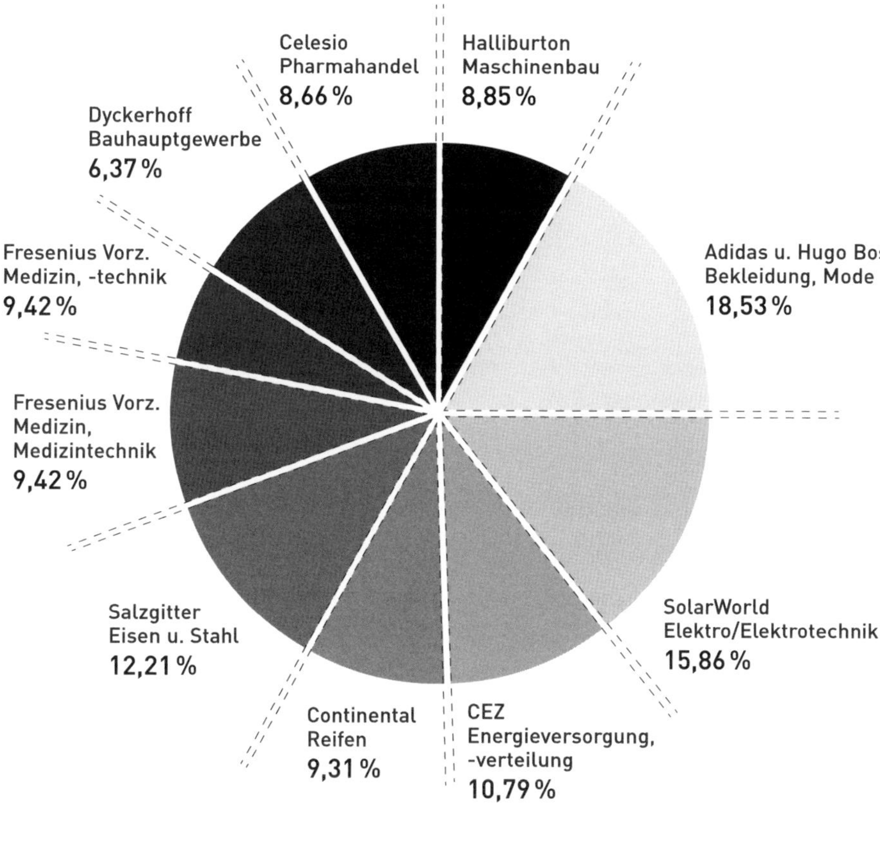

Depotentwicklungs-Chart des Standard-Depots vom 25.01.2005-17.07.2005

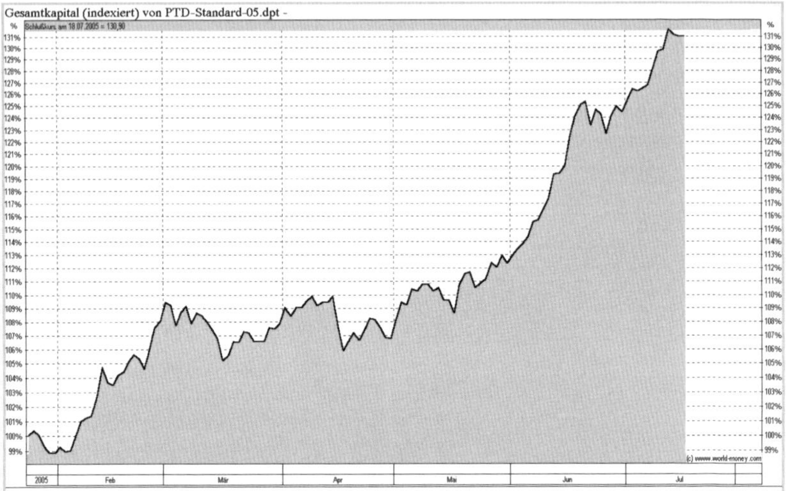

Abbildung 5.1: Depotentwicklung

Der Depotentwicklungs-Chart *(Abbildung 5.1)* zeigt wo es lang geht. Kontinuierlich wächst dieses Depot, ungeachtet der allgemeinen Börsensituation. Der Trendverlauf dieses Trendfolge-Depots ist unumkehrbar. Sie wissen ja bereits, sobald eine der Trendfolge-Aktien ihren Trend bricht, wird sie verkauft und durch einen neuen Trendfolger im Depot ersetzt. Somit kann das Depot stetig wachsen.

Ein Verkauf beim Trendbruch findet dabei selbstverständlich nicht zum Höchstkurs statt. Die jeweilige Aktie hat bereits einige Prozent vom Höchstkurs abgegeben, bevor ein Trendbruch deutlich wird. Der Erfolg ergibt sich aus kontinuierlichen Trendgewinnen, da spielt ein möglicher maximaler Gewinn keine Rolle und ist auch nicht Ziel dieser Trendfolgestrategie.

In der Ruhe liegt die Kraft

Bereits nach kurzer Zeit werden Sie als Anleger erkennen, dass es möglich ist, ruhig, entspannt, kontinuierlich, überdurchschnittliche Vermögensvermehrung mit geringem Arbeitsaufwand zu erzielen.

Der alles entscheidende Vorteil dieser Depots liegt in der stetigen Wertentwicklung. Jahr für Jahr immer im Trend, ohne zeitliche Begrenzung. Es ist gut zu wissen, dass es Trendfolger immer gegeben hat und immer geben wird.
So bringt Investieren in Aktien Spaß, denn mit Trendfolge-Depots lässt sich ein Leben lang Vermögen vermehren.

Dieses Trendfolge-Depot ist ein Beispiel von vielen Möglichkeiten zum Aufbau von Trendfolge-Depots.
Es soll Ihnen das Gefühl vermitteln, was mit einem klaren Konzept möglich ist.

Eine weitere Möglichkeit, die Ihnen Trendfolge-Aktien bieten, ist der kontinuierliche Zukauf.

Kontinuierlicher Kauf im Trend

Wie Sie bereits in den vorangegangenen Kapiteln gesehen haben, laufen Trends sehr oft über viele Jahre. Da liegt es doch auf der Hand, sich kontinuierlich in einen bestehenden Trend einzukaufen.

In der Praxis sieht das folgendermaßen aus.
Beispiel: Ein monatlicher Zukauf der SolarWorld-Aktie in einem Zeitraum von zwölf Monaten. Ausschlaggebendes Kriterium ist eine wöchentliche Überprüfung des bestehenden Trendverlaufs. Um diese Strategie anschaulicher zu gestalten, wird an dem Beispiel der SolarWorld-Aktie ein Zukauf, nicht wöchentlich sondern monatlich, getätigt.

Nach dem Entschluss, die SolarWorld-Aktie im August 2004 zu kaufen, ergaben sich in den folgenden Monaten weitere Kaufgelegenheiten. Monat für Monat signalisierten die 4 Trendfolge-Indikatoren nach meinem Modell klare Kaufsignale. Somit stand einem Zukauf nichts im Wege. In diesem Betrachtungszeitraum wurden zwölf Käufe getätigt *(Abbildung 5.2, Seite 94)*.

Sämtliche 12 Kaufpositionen befinden sich bereits im Gewinn. Der mittlere Durchschnittskurs dieser zwölf Positionen beträgt 37,96 €, unter Berück-

SolarWorld-Aktie mit den Indikatoren MACD, MOM, RSI und WPR von 08.2004 bis 07.2005.

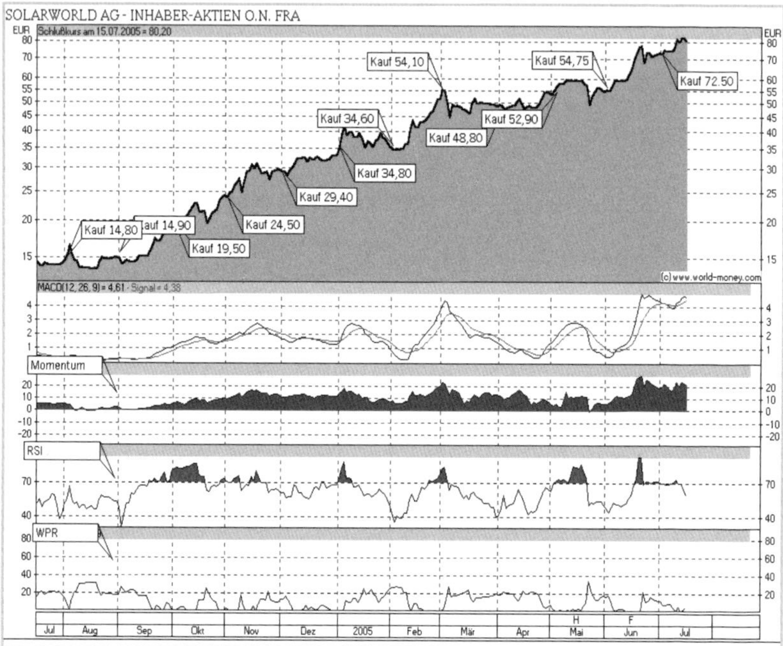

Abbildung 5.2: SolarWorld-Aktie

sichtigung, dass zu jeder Position die gleiche Kaufsumme zur Verfügung stand. Das würde bedeuten, dass sich das Gesamtkapital innerhalb eines Zeitraums von zwölf Monaten bereits mehr als verdoppelt hat.

Da viele Trends über mehrere Jahre verlaufen, eröffnet sich hier einem Anleger eine höchst effiziente Anlagemöglichkeit.

Je länger dieser Trend anhalten wird, um so effektiver wird dieser Investmentansatz. Irgendwann wird es in ferner Zukunft zu einem Trendbruch kommen. Dabei werden möglicherweise die letzten ein oder zwei Positionen mit Verlust veräußert. Diese ein oder zwei Verlustbringer werden aber nur einen geringen Einfluss auf die Gesamtperformance der Investition haben.

Kombiniert man diese Strategie nun mit der Depotstrategie, verbessert man im Ganzen seine Performance und reduziert das Risiko auf ein überschaubar kleines Minimum.

Folgerichtiges Handeln

Aus psychologischen Gründen ist es für die überwiegende Mehrzahl der Anleger wichtig, sich an steigenden Aktien zu beteiligen. Nur sehr wenige Anleger kennen und nutzen auch die Chance, die ihnen fallende Aktien bieten können.
Mit meinem Trendfolgesystem lassen sich nicht nur Aufwärtstrends, sondern ebenfalls Abwärtstrends erkennen und verfolgen.

Die allerwenigsten Trendfolge-Aktien schlagen nach einem Trendbruch eine Seitwärtsbewegung ein. Die überwiegende Mehrzahl von Trendfolge-Aktien nehmen nach einem Trendbruch einen neuen, stabilen, dynamischen, abwärts gerichteten Trendverlauf auf.

Folgerichtiges Handeln bedeutet, sich in dem Moment des Trendbruchs an der neuen, richtigen Aktie zu beteiligen und diesem Trend so lange zu folgen, bis er wieder bricht.
Den Abwärtstrend einer Aktie kann man z.B. mit einem Leerverkauf (Shortposition) begleiten oder auch mit einem passenden Instrument wie z.B. einem Put-Optionsschein.

Trends mit Instrumenten begleiten

Eine weitere überaus lukrative Strategie ist das Begleiten von Trendfolge-Aktien mit passenden Optionsscheinen. Bedenken wir, dass Trends viele Jahre laufen können, so ist es äußerst reizvoll, sich mit den richtigen Optionsscheinen parallel zum Trendverlauf der Basisaktie einzudecken.

Das folgende Beispiel verdeutlicht, wie effektiv dieser Ansatz ist. Die Aktie von Fresenius AG Vorzüge befindet sich seit sehr langer Zeit in einem

Optionsschein auf die Fresenius-AG-Vorzugsaktien von Januar 2005 bis zum 15.07.2005

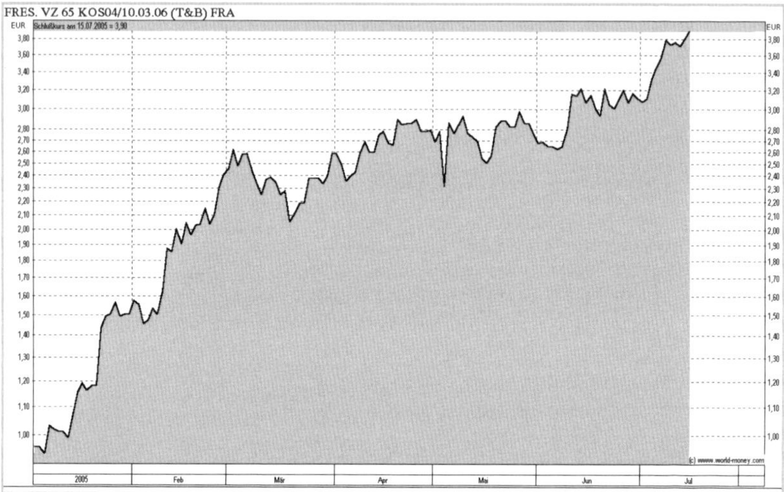

Abbildung 5.3: Optionsschein auf die Fresenius-AG-Vorzugsaktie 2005

Fresenius-AG-Vorzugsaktie von Januar 2005 bis zum 15.07.2005

Abbildung 5.4: Fresenius-AG-Vorzugsaktie 2005

intakten Aufwärtstrend. In den folgenden zwei Charts *(Abbildung 5.3 und 5.4, links)* ist der Kursverlauf der Aktie, sowie der Kursverlauf eines Optionsscheins zur Aktie dargestellt. In diesen sechs Monaten hat die Aktie im Trendverlauf 45% zugelegt. In derselben Zeit legte der Optionsschein um ganze 400% zu.

Diese Strategie lässt sich auch mit einem kontinuierlichen Zukauf der Scheine, wie bei den Aktien erweitern. Ebenfalls eignen sich Optionsscheine optimal zum folgerichtigen Handel. Zu jeder Zeit im Trend dabei, ob aufwärts mit einem Call-Optionsschein oder abwärts mit einem Put-Optionsschein.

Wie Sie sehen, bieten Trendfolge-Aktien eine Menge erfolgversprechende Perspektiven. Ich habe Ihnen einen kleinen Einblick über die Möglichkeiten, die Anlegern zur Verfügung stehen, gegeben. Eine weitere Vertiefung dieser Materie ist in diesem Buch nicht gedacht, da es den hier gesetzten Rahmen sprengen würde.

In der nachfolgenden Tabelle zeige ich Ihnen die Entwicklung der 30-Dax-Werte seit Anfang 2000. Eindrucksvoll zeigt diese Tabelle, dass gerade einmal eine Hand voll von Aktien es geschafft haben eine positive Entwicklung über die letzten fünf Jahre aufzuweisen. Für ein langfristiges Invest eigneten sich somit nur wenige Aktien, wie eine Continental, Adidas, E.ON und RWE.

Zwei Drittel der DAX-Werte haben es bis heute noch nicht wieder geschafft ihre Kurse aus dem Jahre 2000 zu erreichen. Die folgende Tabelle zeigt Ihnen, mit welchen Aktien Sie Geld verdienen konnten und mit welchen Sie keinen langfristigen Erfolg gehabt hätten.

Entwicklung der 30-Dax-Werte seit Januar 2000

Dax30

WKN	[2]Name 10	Börse k	Vä seit%(03.01.2005)	Vä seit%(03.01.2004)	[1]Vä seit%(03.01.2000)
DE0005439004	CONTINENTA	FRA+	23,01	95,50	237,86
DE0007600801	ALTANA	FRA+	-9,75	-10,68	142,10
DE0005003404	ADIDAS-SAL	FRA+	14,83	48,29	103,18
DE0005810055	DEUTSCHE B	FRA+	52,92	56,99	89,07
DE0007614406	E.ON	FRA+	9,61	46,80	64,88
DE0007037129	RWE AG ST	FRA+	29,81	75,92	48,36
DE0007172009	SCHERING A	FRA+	-9,05	28,36	44,45
DE0005190003	BAY.MOTORE	FRA+	14,13	5,01	40,33
DE0006048432	HENKEL KGA	FRA+	14,54	18,90	21,68
DE0006483001	LINDE AG O	FRA+	17,94	33,92	15,63
DE0005151005	BASF AG O.	FRA+	2,78	26,31	13,40
DE0005937007	MAN AG ST	FRA+	20,00	48,31	8,03
DE0005552004	DEUTSCHE P	FRA+	10,72	19,83	-7,60
DE0005785802	FRESEN.MED	FRA+	17,98	26,57	-11,38
DE0005140008	DEUTSCHE B	FRA+	-1,22	0,18	-12,12
DE0007164600	SAP	FRA+	7,81	5,68	-12,49
DE0007257503	METRO AG S	FRA+	-1,40	17,36	-13,49
DE0007236101	SIEMENS AG	FRA+	-1,43	-1,83	-18,43
DE0007664005	VOLKSWAGEN	FRA+	13,83	-10,51	-26,49
DE0005752000	BAYER AG O	FRA+	8,18	16,99	-38,67
DE0008032004	COMMERZBAN	FRA+	17,14	13,96	-44,73
DE0007500001	THYSSENKRU	FRA+	-12,39	-8,59	-44,85
DE0007100000	DAIMLERCHR	FRA+	-5,63	-6,39	-51,71
DE0008232125	LUFTHANSA	FRA+	-3,97	-24,25	-53,54
DE0006952005	TUI AG	FRA+	15,86	27,03	-54,91
DE0008430026	MUENCH.RUE	FRA+	-3,07	-8,96	-61,89
DE0008022005	BAY.HYPO-V	FRA+	28,59	14,71	-65,75
DE0008404005	ALLIANZ AG	FRA+	0,62	-1,37	-67,41
DE0005557508	DT.TELEKOM	FRA+	-7,90	2,60	-77,86
DE0006231004	INFINEON A	FRA+	-2,72	-30,88	-88,53

Abbildung 5.5: Entwicklung der DAX-Werte

Wie lese ich diese Tabelle:

Die Spalte **Vä seit (03.01.2000)** steht für **Veränderung seit 03.01.2000.** Bei der Altana-Aktie können wir sehen, dass die positive Entwicklung seit Anfang 2004 rückläufig ist. Die Aktie profitiert nur noch von den starken Kurszuwächsen aus den Jahren zuvor.

Die Tabelle zeigt uns, dass sich mit den wenigen Trendfolge-Aktien, die einen intakten Aufwärtstrend aufzeigen, kein effektives Trendfolge-Depot aufbauen lässt. Für einen erfolgreichen Aufbau von Trendfolge-Depots ist es somit notwendig, die gesamten Märkte nach Trendfolge-Aktien abzusuchen.

Das Ergebnis solch einer Suche ist überaus erfreulich. Mit den nächsten beiden Tabellen möchte ich Ihnen einen kleinen Eindruck über weltweite Trendfolge-Aktien geben.

In der folgenden Tabelle *(Abbildung 5.6)* zeige ich Ihnen einen kleinen Ausschnitt von Trendfolge-Aktien aus dem **Nasdaq 100** mit ihrer Entwicklung seit 2000.

Trendfolge-Aktien aus dem Nasdaq 100 mit ihrer Entwicklung seit Januar 2000

NASDAQ 100

WKN	Name 10	[3]Börse k	[2]Vä seit%(03.01.2005)	Vä seit%(03.01.2004)	[1]Vä seit%(03.01.2000)
US3755581036	GILEAD SCI	FRA+	47,51	63,28	443,08
US8064071025	HENRY SCHE	FRA+	35,90	28,70	428,55
US4987801051	KMART HLDG	FRA+	35,50	452,49	376,19
US7167681060	PETSMART I	FRA+	-2,30	36,62	333,37
CA7609751028	RESEARCH I	FRA+	2,80	122,82	140,39
US2855121099	EL. ARTS I	FRA+	5,49	26,32	129,48
US7258111035	PIXAR INC.	FRA+	11,99	31,01	106,06
US9668371068	WHOLE FOOD	FRA+	46,07	87,53	102,83

Abbildung 5.6: Trendfolge-Aktien aus dem Nasdaq 100

Die letzte Tabelle *(Abbildung 5.7)* zeigt Ihnen ein paar Trendfolge-Aktien aus dem **asiatischen Bereich** mit ihren Entwicklungen seit 2000. Viele dieser Aktien werden an den europäischen Börsen nur sporadisch gehandelt. Ein Handel mit diesen Aktien sollte hauptsächlich an den Heimatbörsen der jeweiligen Aktie betrieben werden.

Trendfolge-Aktien aus dem asiatischen Raum mit ihrer Entwicklung seit Januar 2000

Asien

3WKN	Name 10	2Börse k	Vä seit%(03.01.2005)	Vä seit%(03.01.2004)	1Vä seit%(03.01.2000)
CN0009060798	DATANG INT	FRA+	14,81	3,33	387,73
HK0054007841	HOPEWELL H	FRA+	12,57	76,07	337,85
HK0242001243	SHUN TAK H	BER+	-16,47	157,05	302,27
CN0008870445	TSINGTAO B	FRA+	21,92	-4,52	293,24
US40415F1012	HDFC BANK	NYSE+	8,83	56,54	260,66
CN0009058701	SHENZHEN E	FRA+	11,11	29,30	234,52
US40415F1012	HDFC BANK	FRA+	21,36	63,08	147,39
US71646E1001	PETROCHINA	FRA+	63,22	34,63	129,80

Abbildung 5.7: Trendfole-Aktien aus dem Nasdaq 100

Diese Tabellen sagen selbstverständlich nichts über den weiteren Verlauf all dieser Trendfolge-Aktien aus. Sie geben Ihnen lediglich einen kleinen Eindruck über Trendfolge-Aktien aus verschiedenen Ländern und Branchen.

Trendfolge-Aktien gibt es immer und zu jeder Zeit.

Ein klares Konzept

Man muss kein fachchinesisch sprechen, lange Erzählungen und wirtschaftliche Analysen aufstellen. Ich gehe schlicht und einfach nach einer Methode vor, wo ich sage, das ist der Trend, so wie auch in allen Bereichen unseres Lebens und Zeitalters. Egal wie es mit der Wirtschaft, Rohstoffpreisen, Verbraucherzahlen, Goldpreis, Dollar, KGV, Zinssenkung, Deflation, Inflation usw. aussieht.

»Erkenne den Trend und folge dem Trend«. Das schont die Nerven, ist entspannend und schärft den Blick aufs Wesentliche. Mit dem Trend zum Erfolg.

Stellen Sie sich vor:

Einige von den vorgestellten Strategien setzte ich für meine Leser bereits in meinem Börsendienst um.

Sie können sich das nicht vorstellen? Dann lassen Sie sich doch einfach überzeugen. Völlig kostenlos können Sie einen ganzen Monat lang testen, wie Trendfolger kontinuierlich Ihr Geld zu einem Vermögen machen.

Ich verspreche Ihnen, dass ich Ihre Bedenken binnen 30 Tagen vollkommen ausräume. Sollte das nicht passieren, hat Sie der kurze Blick in mein System nicht einen Cent gekostet.

Unter der Internet-Adresse *http://www.proffes-trendfolge-depot.de* können Sie sich für diesen Gratis-Test anmelden. Mit der ersten E-Mail oder Fax, das Sie erhalten, sehen Sie direkt meine drei Depots, die ich Ihnen viermal Gratis schicke. Auf den ersten Blick werden Sie sehen, wie sich meine Depots seit Auflegung entwickelt haben.

Und das Schöne ist: Sie haben überhaupt nichts verpasst. Sie können jederzeit mitmachen. Ob Standardwerte, Nasdaq-Aktien oder Optionsscheine auf Trendfolger. Jede Position in meinen Depots ist immer ein Kauf. Schauen Sie sich ruhig einmal meinen Börsendienst an.

Lesen Sie, was nur »einer« meiner Leser schreibt:

*»Hallo Herr Proffe,
ich bin seit Januar Abonnent Ihres Börsenbriefs und habe kontinuierlich mein Aktiendepot Ihren Empfehlungen angepasst und einen Großteil meiner bisherigen Aktien verkauft.*

Bin seit dem sehr zufrieden damit, da es wirklich endlich mal wieder Spass macht, in Aktien und Optionsscheine zu investieren, da Ihre Ausrichtung langfristig und nicht durch hektische Käufe und Verkäufe gekennzeichnet ist.

War am Anfang ein wenig skeptisch, Ihr Investitionsansatz ist jedoch so einleuchtend, und durch dieses Handbuch wurde dies noch mal deutlicher. Herzlichen Dank hierfür.«

P. Fernengel

Ich bin mir sicher, dass auch Sie nach kurzer Zeit von meinem Investitionsansatz überzeugt sein werden. Daher möchte ich Sie einladen, dieses Konzept einmal 30 Tage lang kostenlos anzuschauen:
http://www.proffes-trendfolge-depot.de

Mit freundlichen Grüßen
Michael Proffe

P.S. In meinen Seminaren und Redaktionssprechstunden von Proffes Trendfolge-Depot erfahren Sie natürlich auch noch mehr über mein System. Gratis anschauen lohnt sich!

Sämtliche Chart- und Depotdarstellungen in diesem Buch sind mit der Börsendatenbank und dem Wertpapieranalysesystem von World Money erstellt worden.

MINDTRAPS
Dr. Gregor Bauer
Praxisratgeber Trading
Come Into My
TRADING ROOM
Modern investieren mit
Derivaten
Die besten Anlagestrategien der Welt
Börsenkalender 2006
Bärenmarkt
AKTIEN STRATEGIEN
PORTFOLIO SELECTION
DEPOT-OPTIMIERUNG mit ZERTIFIKATEN
Erfolgreich investieren in Nebenwerte
DER KOLLAPS DES DOLLARS
DER UNTERGANG EINER WELTWÄHRUNG
mit Rohstoffen
CFDs
DIE GEBURT DES WOHLSTANDS
MONEY MANAGEMENT
LARRY WILLIAMS
ENZYKLOPÄDIE
DER TECHNISCHEN INDIKATOREN

Neue Wege der betrieblichen Altersversorgung
ERFOLGREICH
ZSCHABER METHODE
Tools & Tactics für Master Trader
Markt und Meinung
GOLD
Die 222 wichtigsten Fragen
Wir schaffen das!
JIM ROGERS
ROHSTOFFE
Zukunftsmarkt Asien
Optimal investieren mit GESCHLOSSENEN FONDS
TAGE DER ABRECHNUNG
Weltsichten Weltsichten
Essays von WARREN BUFFETT
Exchange Traded Funds
Mentale Börsenkompetenz
Der große CRASH 1929
TRUMP
Wie man reich wird
DONALD J. TRUMP
GEWINNEN BEGINNT INNEN
Behavioral Finance
John Hill
Der ultimative TRADING-GUIDE
Anlegen in Hedge Fonds
Steve Nison
Technische Analyse mit Candlesticks
DER GROSSE INDEX GUIDE
Technische Kumulations Analyse

»simplified« – aktuell, prägnant, günstig.

Die neue »simplified«-Buchreihe erklärt aktuelle Investmentthemen kompakt und leicht verständlich.

simplified – die neue Buchreihe zu Investmentthemen, die schneller auf den Punkt kommt. Aktuelle, prägnant, günstig. Eben simplified. Eine Gemeinschaftsproduktion von Investor Verlag und FinanzBuch Verlag.

Gold, Zucker, Nickel oder Öl – immer mehr Anleger interessieren sich für Rohstoffe. Doch vielen fehlt das Hintergrundwissen, um bei der aktuellen Rohstoffrally mitmachen zu können. Hier hilft dieses Buch: Das Wesentliche zum Thema Rohstoffe – einfach, kompakt und verständlich.

Preis: 12,90 €

ISBN 3-89879-163-7

»Wer in den nächsten 15 Jahren Geld an den weltweiten Finanzmärkten verdienen will, sollte in Rohstoffe investieren.«

Jim Rogers

Die Trendfolge-Strategie ist eine äußerst unkomplizierte Art, um erfolgreich in Aktien zu investieren. Man muss nur dem aktuellen Aktien-Trend folgen. Proffe erklärt in diesem Buch, was Trendfolge-Aktien sind und wie es möglich ist, sie mit Hilfe bestimmter Indikatoren zu identifizieren. Einfach erklärt erhält der Leser kompaktes Wissen anschaulich vermittelt.

Preis: 12,90 €

ISBN 3-89879-164-5

»Die Trendfolge ist im Trading ein zentrales Konzept und funktioniert einfach und wunderbar.«

Börse Online

Als Emerging Markets werden Schwellenländer wie die Staaten in Lateinamerika oder Ost-europa bezeichnet. Die Börsen dieser Märkte sind oft sehr gut entwickelt. Daniel Wilhelmi zeigt wie, wo und wann man dort profitabel handelt.

Preis: 12,90 €

ISBN 3-89879-162-9

»Die Volkswirtschaften der Emerging Markets verzeichnen derzeit die stärkste Expansion seit 20 Jahren.«

FAZ

Zertifikate sind in aller Munde. Immer mehr Anleger haben diese neuen Derivate in ihrem Depot. Doch mit der Anzahl der angebotenen Produkte schwindet auch der Überblick. Hier bringt der Zertifikate-Experte Markus Jordan Licht ins Dunkel. Erfahren Sie alles über die Welt der Zertifikate – kurz, prägnant, übersichtlich. Simplified eben.

Preis: 12,90 €

ISBN 3-89879-161-0

»Zertifikate spielen in der Praxis eine immer größere Rolle.«

Business-Wissen

Charts sind das Herz der Technischen Analyse. John Murphy erklärt, von Widerstandslinien bis V-Bottom, leicht verständlich und umfassend die Grundlagen der Charttechnik. Lernen Sie die wichtigsten Muster kennen und verbessern Sie Ihre Anlageerfolge entscheidend. Exzellent erklärt vom Meister der Technischen Analyse.

Preis: 12,90 €

ISBN 3-89879-168-8

»John Murphy ist ein Meister und eine Legende der Technischen Analyse.«

Wallstreet Journal

Michael Proffe

DVD

Erfolgreich Anlegen mit der Trendfolgestrategie

ca. 2 Stunden

Preis € 15,00 (D); € 15,50 (A); SFr 28,30

ISBN 3-89879-175-0

Die Trendfolgestrategie ist eine äußerst nervenschonende, entspannte und umkomplizierte Art, um erfolgreich in Aktien zu investieren. Denn hat man einen Trend erst mal erkannt, muss man ihm nur noch „hinterherlaufen". Und gleich ob die Märkte fallen oder steigen, es gibt immer Werte, deren Entwicklung stabil in eine Richtung geht. Michael Proffe erklärt auf dieser DVD, was Trendfolge-Aktien sind und wie es möglich ist, sie mit Hilfe bestimmter Indikatoren zu identifizieren. Einfach erklärt – und auch für Einsteiger verständlich – erhält der Zuschauer kompaktes Wissen anschaulich vermittelt. Prägnant, unkompliziert und sofort umsetzbar!

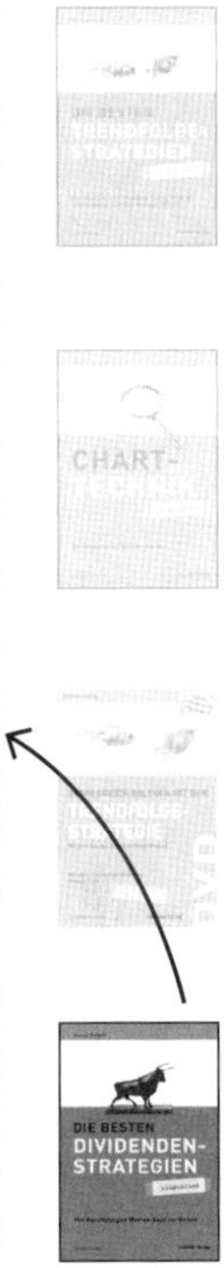

Georg Pröbstl

Die besten Dividenden-strategien

150 Seiten, Broschur
Preis € 12,90 (D); € 13,30 (A); SFr 23,50
ISBN 3-89879-167-X

Einfach und mit ganz simplen und leicht verständlichen Strategien ein Vermögen aufbauen! Klingt unrealistisch? – Falsch! Durch den Kauf von Aktien mit hoher Dividendenrendite ist das möglich. Die Strategie bringt erwiesenermaßen höhere Gewinne als der breite Markt. Georg Pröbstl erklärt wie das geht – logisch und verständlich.

Georg Pröbstl, Jahrgang 1966, schreibt als freier Journalist unter anderem für €uro und Euro am Sonntag. Er schreibt den 2-wöchentlichen, kostenlosen Börsebrief »Die Investoren-Akademie«, der im Investor Verlag erscheint.